——————————— 님의 소중한 미래를 위해

이 책을 드립니다.

AI 시대의
부의 지도

인공지능이 경제를 이끄는 시대의 투자법

AI 시대의
부의 지도

오순영 지음

메이트북스

메이트북스 우리는 책이 독자를 위한 것임을 잊지 않는다.
우리는 독자의 꿈을 사랑하고,
그 꿈이 실현될 수 있는 도구를 세상에 내놓는다.

AI시대의 부의 지도

초판 1쇄 발행 2024년 5월 15일 **| 초판 2쇄 발행** 2024년 6월 13일 **| 지은이** 오순영
펴낸곳 (주)원앤원콘텐츠그룹 **| 펴낸이** 강현규·정영훈
편집 안정연·신주식·이지은 **| 디자인** 최선희
마케팅 김형진·이선미·정채훈 **| 경영지원** 최향숙
등록번호 제301-2006-001호 **| 등록일자** 2013년 5월 24일
주소 04607 서울시 중구 다산로 139 랜더스빌딩 5층 **| 전화** (02)2234-7117
팩스 (02)2234-1086 **| 홈페이지** matebooks.co.kr **| 이메일** khg0109@hanmail.net
값 19,800원 **| ISBN** 979-11-6002-432-6 03320

만약 컴퓨터가 사람이라고 믿도록
사람을 속일 수 있다면 그것은 지성체라고 불릴 만하다.

• 앨런 튜링(영국의 수학자이자 논리학자) •

어린 시절부터 늘 제 의견을 묻고 경청해주시며
뭐든 자신 있게 결정하고 책임질 수 있게 해주신
부모님(오재룡, 권혁회),
하고 싶은 것을 마음껏 할 수 있도록
곁에서 늘 응원해주는 날씨요정(재형), 미니미(지우),
늘 언니를 최고라 해주는, 타고난 미술 재능을 가진 하나밖에 없는
여동생 벤자민(혜진)에게,
그리고 셀 수 없이 많은, 평생 함께할
제 곁의 늘 고마운 분들에게 감사인사를 전합니다.

반복된 신기술과 신사업으로
나만의 북극성을 찾다

내 이력은 흥미롭게도 세상에 없던 서비스를 새롭게 만들거나 인력, 조직을 비롯해 프로젝트 진행에 필요한 것들을 새로 구성해야 하는 일들이 대부분이었다. 모험을 즐기며 불나방 같은 리스크 테이커(Risk Taker) 성향이 늘 그러한 선택으로 이끌곤 했다. 과거 어떤 멘토링 강연에서 한 학생이 다음과 같은 질문을 했다. "어떻게 가보지 않은 길, 해보지 않은 일을 선택할 수 있었나요? 두렵진 않았나요?" 그 당시 내 대답은 "모든 두려움을 이겨낸 건 그 두려움보다 훨씬 컸던 내 '호기심'이었고, 어떻게든 일을 제대로 잘 해내려 했던 내 '책임감'은 설사 실패하더라도 내게 일종의 '좋은 맷집'을 남겨줄 것이란 확신이 있었습니다"였다.

그 덕분에 내 모든 이력은 처음으로 시도하는 새로운 기술과 제품 및 서비스로 채워졌고, 이러한 시간이 누적되면서 새로운 기술에 대한 도입 순서, 방법, 조직, 전략과 협업 체계, 운영 방식 등에 대해 속된 말로 딱! 보면 견적이 나올 정도로 경험이 쌓였다.

더불어 초기 예측했던 전략 방향이나 트렌드가 결과적으로 내 예상대로 실현되는 경험도 반복되고, 이러한 시간이 20년을 훌쩍 넘기고 나니 이제는 세상을, 기술을 해석하는 나만의 노하우들이 생기게된 것 같다. 즉 어떤 새로운 상황이나 과제가 주어지더라도 나만의 기준을 잡고 추진할 수 있는 지도, 나침반, 북극성을 가지게 되었다고 할까. 바로 나만의 북쪽을 가리키는 길잡이 별인 북극성이 생기게 된 것이다.

이렇게 나만의 성장 지도와 북극성을 찾아온 나의 경험 몇 가지를 소개해볼까 한다.

미국의 닷컴버블이 붕괴되면서 침체를 맞이하던 때가 2000년 말, 미국뿐만 아니라 국내 상황도 그리 좋진 않았던 때였다. 1년의 영국 어학연수 후 2001년 대학교 졸업을 앞두고 당시 대우정보시스템 인턴 시절 만났던 팀이 벤처회사 창업을 준비중이었다. 자연스럽게 그 팀을 따라가 벤처회사에서 유일한 여자개발자이자 막내 개발자로 첫 사회생활을 시작했다.

그때 우리 회사가 가진 특허 기술을 '하이브리드 멀티캐스팅 기술'이라 불렸는데, 당시는 인터넷이 기본적으로 클라이언트/서버 기반으로 일대일 통신(TCP/IP, HTTP)을 전제로 하고 있었을 때였다. 이는 실시간 경매, 실시간 인터넷 방송 등과 같이 실시간으로 동시에 여러 사람과 대량의 실시간 데이터를 주고받아야 하는 서비스에서 있을 수 있는 기술적 한계들을 해결할 수 있었다.

그래서 당시로서는 정말 파격적인 서비스들을 개발했는데, 파격 중의 파격이라 생각되는 서비스로 '업그레이드유(UpgradeU)'가 있었다. 구직자가 자신의 이력서를 메신저에 올려놓으면 채용하려는 회사들이 마치 경매하듯 모인 후 실시간으로 메신저로 연봉을 입력하고 가장 높은 연봉을 제시한 회사에 채용우선권이 있는 방식으로 구

Cyber Space Viewer ··· *보이지 않는 사이버 공간을 보이는 공간으로 !*

OH SOON YOUNG (feat. Anotherwave 2002.09)

보이지 않는 사이버 공간을 보이는 공간으로 만드는 Cyber Space Viewer는 웹페이지 내에 접속되어 있는 사용자들의 접속 여부와 이동 경로를 볼 수 있는 솔루션으로, 20여 년 전 지금의 메타버스 개념 일부를 보여준 사례다.

출처: 오순영, Anotherwave 2002.9 작성

성된 서비스였다.

또 다른 재미있는 콘셉트의 서비스는 '사이버 스페이스 뷰어(Cyber Space Viewer)'였다. 흔히 우리는 쇼핑몰 웹사이트에 접속하면 사실 나 외에 로그인한 사용자들은 볼 수 없는데, 실제 현실 세상의 백화점처럼 웹 쇼핑몰에서도 고객들이 몰려 있는 상황을 그대로 보여주고 싶다는 콘셉트에서 만들어진 개념이었다.

어떤 측면에서는 지금의 메타버스 개념과 닮았다는 생각도 든다. 지금으로부터 20년도 더 지난 2002년에 만들었던 이 서비스는 보이지 않는 사이버 공간을 보이는 공간으로 만든다는 콘셉트였다. 화면 상단에는 원래 쇼핑몰 웹페이지가 보이고, 화면 하단에는 이 공간을 2D 공간으로 그려낸 사이버 스페이스 뷰어가 함께 맵 형태로 보여지면서 전체 접속자 수와 접속자 아이디를 비롯해 사용자들의 메뉴 이동을 실시간으로 아바타의 이동으로 보여준다.

그리고 쇼핑몰의 MD는 단체 공지로 할인행사 정보나 이벤트 정보를 실시간으로 공유할 수 있었으며, OX 퀴즈와 같은 게임도 진행할 수 있었다. 이용자 간에 쪽지 주고받기 등 커뮤니케이션 기능도 막강했다. 그 당시 영업 활동을 위한 데모 사이트들을 많이 구현했는데, 시대를 너무 앞서 나가서였을까? 어느 회사도 이 콘셉트 자체를 이해하지 못했다.

사이버 스페이스 뷰어는 웹 기반에서 동작하는 솔루션으로 쇼핑, 커뮤니티, 이벤트, 커뮤니케이션 등 다양한 용도로 활용할 수 있으며, 2D 아바타로 채팅, 게임, 쇼핑 등이 가능했다.

막내 개발자로 서버/클라이언트 개발, 그래픽 작업, 영업 데모 등

닥치는 대로 다 따라다니며 일하던(지금의 스타트업도 그렇지만 벤처기업도

성장하기 전 초기에는 그래픽 디자이너나 기획자도 없이 개발자들이 일당 백의 일을 해야

하던 시절이었다) 그 3년의 시간은 내게 돈을 주고도 살 수 없는 귀하고

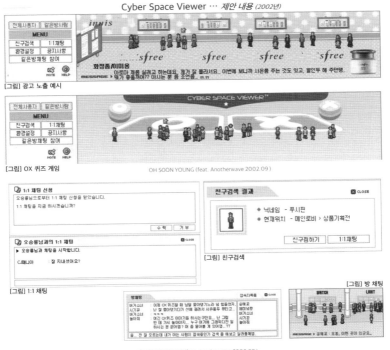

Cyber Space Viewer ⋯ 제안 내용 (2002년)

[그림] 광고 노출 예시

[그림] OX 퀴즈 게임

OH SOON YOUNG (feat. Anotherwave 2002.09)

[그림] 1:1 채팅

[그림] 친구검색

[그림] 방 채팅

OH SOON YOUNG (feat. Anotherwave 2002.09)

Cyber Space Viewer는 웹 기반에서 동작하는 솔루션으로 쇼핑, 커뮤니티, 이벤트, 커뮤니케이션 등 다양한 용도로 활용할 수 있으며, 2D 아바타로 채팅, 게임, 쇼핑 등이 가능했다.

출처: 오순영, Anotherwave 2002.9 작성

멋진 경험을 선사했다.

한글과컴퓨터에 입사하면서는, 신기하게 사회생활 첫 시작도 그랬지만 늘 처음으로 시도하는, 아니면 첫 버전 릴리즈처럼 처음 적용되는 기능이나 제품, 서비스들을 맡아서 프로젝트 총괄PM 역할을 맡았다. 운영체제도 윈도우즈부터 리눅스, 안드로이드, iOS, Mac, 웹, 타이젠까지 경험했다. 디바이스 역시 다양한 사이즈의 스마트폰부터 태블릿과 와치(Watch)까지 여러 해상도의 화면 사이즈와 운영체제 버전을 경험할 수 있었다.

한컴그룹에서는 처음 내가 AI 조직을 만들게 되면서 AI 제품이나 서비스를 만들기 위한 AI 기반 엔진을 준비하는 작업부터 했다. 더나아가, AI 관련 자회사의 CEO, 인공지능 한중합작법인 회사의 기술 파트의 Co-CEO를 하면서 AI를 오피스 제품에 적용하는 작업과 AI 기술을 활용한 지금의 온디바이스 AI 개념의 온·오프라인 통번역기, 회의록 디바이스 및 AI 교육서비스부터 코로나19 대상자들을 모니터링하는 AI콜센터 등을 만드는 작업들을 했다.

한컴그룹 내의 모빌리티, 국방, 헬스케어, 스마트시티 등 다양한 계열사 비즈니스에 AI를 어떻게 활용해야 할지 신사업 내 AI 적용에 대해 고민하다 보니 몇 년 동안 AI 기술뿐만 아니라 신기술에 대한 캐치업 그리고 이를 사업화하기 위한 시도들이 계속되었다. 이러한 업무 환경으로 인해, 자연스럽게 신기술이 나오면 어떻게 활용할수 있을지, 어떻게 비즈니스가 흘러갈지, 기술은 어떤 식으로 자연

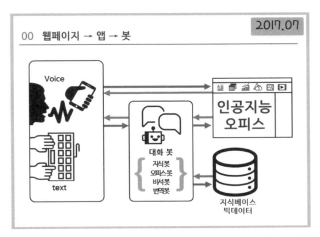

00 웹페이지 → 앱 → 봇

2017.07

AI 오피스 기획안에는 키보드뿐만 아니라 음성으로 입력해 한컴오피스를 활용할 수 있도록 했고, 지식봇, 오피스봇, 비서봇, 번역봇 등을 통해 한컴오피스 활용을 좀 더 편리하게 했다. 기업이나 개인이 가진 오피스 문서들을 지식베이스로 하는 빅데이터를 연동하기도 했다. 놀랍게도 2017년 기획안이 2024년 GPT 스토어나 RAG 개념 등과 유사한 것이 많다.

출처: 오순영, 한글과컴퓨터 2017.7 작성

스럽게 세상에 녹여 들어갈지가 눈에 보이기 시작한 듯하다.

　기술과 비즈니스의 융복합을 밥 먹듯이 하다 보니 지나고 나서 흥미로운 결과들도 있었다. 2023년 1월 말부터 마이크로소프트의 다양한 생산성 툴에 챗GPT 기술이 적용된다는 "Microsoft's ChatGPT Deal Means Bing and Office Could Get Smarter Faster"라는 기사가 나왔다. 재미있게도 한글과컴퓨터에서 업무 생산성 향상만 고민했던 시간이 17년이 넘다 보니 늘 AI 기술로 할 수 있는 것을 상상했다. 그러다 보니 한컴오피스 개발 총괄 당시 2017년에 기획했던 스케치의 기능 콘셉트가 2023년 1월 챗GPT의 기능인 대화형 AI에 대한 부분, 그리고 오픈AI의 GPT 스토어의 다양한 챗봇에 대한 스토어 개념도 어설프게나마 6년 전에 이미 그려낸 셈이다(여기서는 초기 콘셉트만 공개한다).

다만 AI 기술이 지금만큼 발전되지 않았던 때라 활용성 측면에서는 아쉬움이 크지만, 2016년 1월에는 오피스에 AI를 활용한 번역 기능이 추가되었고, 2018년 4월에는 음성으로 문서 작성이 되는 기능이 처음으로 탑재되었다. AI 음성인식 기술이 지금 수준의 성능만 되었어도 대박이 났을 서비스인데 안타깝게도 그 당시의 AI 성능이 좋지 않아 일종의 AI 실험실처럼 기능이 조용히 출시되었다.

그리고 챗봇으로 오피스 앱 안에서 지식 검색을 할 수 있는 기능도 처음 시도되었다. 지금 보면 생성형 AI의 정확도를 높이기 위해 활용하는 일종의 검색증강생성(RAG: Retrieval Augmented Generation으로 대규모 언어모델의 기능을 외부 검색이나 검색 메커니즘과 결합해 답변의 정확성과 신뢰성을 향상시키는 방법)과 비슷하기도 하다.

이렇듯 20여 년 넘게 마치 강도 높은 훈련을 받듯 신기술, 신사업 위주의 커리어 길을 걷다 보니 이제는 신기술 트렌드의 특징과 이후 변화에 대해서는 점쟁이가 된 듯 맞추곤 한다.

동서양의 역사에서도 비슷한 역사가 자주 반복되듯, 세상에 기술이 적용되는 과정 또한 비슷하게 흘러가기 마련이다. 물론 그 시대에 눈부시게 빛나는 세상을 기술 혁신으로 이끈 천재들(위인전에나 나올 법한)이 등장하면서 예상치 못한 방향으로 살짝 빗나가기도 했지만 그들이 공식적인 자리에서 언급한 주옥같은 멘션들에 대해 나도 같은 생각을 했을 땐 소름이 돋을 만큼 기뻤다.

다른 에피소드도 많지만, 여기서는 이 정도만 내 북극성이 생긴 과정 중 일부를 소개하며, 지금 나는 또다시 불나방처럼 판교에서 여의도 금융권의 공기를 마시고 있다.

지금 우리에게 필요한 건
AI 시대를 해석하는 능력이다

2016년 3월, 구글 딥마인드의 AI 바둑프로그램 알파고와 이세돌 9단 간에 다섯 차례 진행된 세기의 바둑 대결로 대한민국은 물론 전 세계가 들썩거렸다. 약간의 과장을 보태서 당시 대한민국 국민이라면 '인공지능'과 '알파고'라는 단어를 모르는 사람이 없을 정도의 사건이었으며, 최종 대결 결과는 4승 1패로 알파고의 승리로 끝났다. 그 이후 AI 산업계와 학계는 이 세기의 핫뉴스를 발판 삼아 자연어 처리, 음성 인식, 통번역 기술, 이미지 인식 기술 등 AI 기술들이 인류에게 어떤 도움을 줄 수 있는지 증명하는 데 집중했으며, 매일 새롭게 등장하는 AI 스타트업들은 내재화된 AI 엔진의 보유 여부, AI 엔지니어의 숫자 등 까다로운 기술 잣대로 투자를 받았다.

이후 AI 기술이나 사업도 특이할 게 없는 일종의 정체기가 온 듯한 무료한 시간이 지나고, AI 민주화 시대가 시작되었다. 'AI 민주화'란 AI 기술 자체를 보유하고 있지 않더라도 오픈 소스 등을 통해 누구든 AI 기술을 쉽고 편리하게 활용할 수 있는 환경이 만들어졌다는 의미이다. AI 기술은 이제는 더 이상 '미래'가 아닌 '현재'의 기술이고, '마케팅'의 키워드가 아닌 실제 우리 삶에 영향력을 미치는 '실용적인 기술'이 되었다는 의미이기도 하다.

‖ 특이점에 가까워진 인공지능 ‖

어느새 우리 삶에 일부로 자리 잡은 인공지능은 단순한 발전 수준을 넘어 이제 특이점(Singularity)이 성큼 다가온 것으로 보인다. 특이점이라는 것은 인공지능의 발달이 인간의 지능을 뛰어넘는 기점을 말한다. 미국의 인공지능 연구소인 오픈AI가 2020년 6월 초거대 인공지능 언어 모델 GPT-3를 소개했다. GPT-3를 설명할 때 가장 강조된 것은 1,750억 개의 파라미터를 가지고 있다는 내용이며, 이는 이전 모델인 GPT-2의 파라미터 숫자보다도 약 100배 정도 많은 숫자였다.

도대체 AI 모델의 파라미터가 뭐길래 모두 이 숫자에 집착하는 것일까? 이것은 인간의 뇌에 뉴런(신경세포) 간 정보 전달의 통로 역할을 하는 시냅스에 비유할 수 있다. 우리 뇌에는 시냅스가 100조 개가량 있는데 이 시냅스가 인간 뇌의 학습과 연산 기능을 담당한다. 초거대 언어 모델의 AI 파라미터 역시 사람의 뇌에서 정보를 학습하고 기억하는 시냅스와 비슷한 역할을 한다. 따라서 파라미터 수가 많을수록 모델이 학습 데이터에서 더 많은 정보를 받아들일 수 있고, 더 정확한 예측을 할 수 있다는 의미이다. 파라미터 수는 곧 AI 모델의 성능으로 인식되었고, 그만큼 그 숫자가 강조된 것이다.

AI 스타트업 AI21 랩스(Labs)에서 출시한 '쥐라기-1(Jurassic-1)'은 GPT-3과 유사한 1,780억 개의 파라미터를 가지고 있으며, 딥마인드가 발표한 모델 '고퍼(Gopher)'의 파라미터는 2,800억 개이다. 마이크로소프트와 엔비디아가 합작해 만든 '메카트론-NLG'의 파라미터는 무려 5,300억 개에 이른다. 네이버는 2,040억 개의 파라미터 언어 모델인 '하이퍼클로바(HyperCLOVA)'를 발표했으며, LG AI연구원도 3,000억 개의 파라미터 모델인 '엑사온(EXAONE)'을 발표했다.

기업	초거대 AI 모델	파라미터 수(개)
오픈AI	GPT-3	1,750억
AI21 랩스	쥐라기-1	1,780억
네이버	하이퍼클로바	2,040억
LG AI연구원	엑사원	3,000억
마이크로소프트	메가트론-NLG	5,300억
구글	PaLM	5,400억

알파고 충격 이후 6년, 2022년 하반기에 인공지능은 다시 한번 전 세계를 떠들썩하게 만든다. 첫 번째 사건은 2022년 8월 미국의 게임 디자이너로 일하는 제이슨 앨런(Jason Allen)이 텍스트를 입력하면 AI 가 이미지를 생성해주는 생성형 AI 기반의 소프트웨어인 미드저니 (Midjourney)로 생성한 그림을 콜로라도 주립 박람회(Colorado State Fair) 의 공모전에 출품해 신인 디지털 아티스트 부문에서 우승을 차지한 일이다. 사람이 아닌 AI가 그린 그림이었으나 심사위원들은 디지털 기술을 활용했을 거라 생각했을 뿐 미드저니가 AI로 그림을 그려내 는 프로그램이란 사실을 알지 못했다. 두 번째 사건은 2022년 11월 30일 출시된 대화형 인공지능 서비스인 챗GPT의 등장이다. 기존 의 챗봇과는 차원이 다른 상당히 자연스러운 대화와 질의응답을 챗 GPT가 유창하게 해내면서 단 5일 만에 100만 사용자를 돌파했다. 그야말로 전 세계의 IT 및 AI 업계를 뒤흔들며 챗GPT는 2023년 내 내 기술과 비즈니스 영역뿐만 아니라 국가적 차원에서도 중요한 주 제로 다뤄졌다.

2016년 3월 알파고의 등장으로 AI가 인간을 대체할 것이라는 걱 정이 유행처럼 번져갔고, AI로 사라질 직업들의 순위까지 매겼지만, 당시는 그 기술을 일상에서 체감하긴 어려웠다. 그리고 2022년 11 월 챗GPT의 등장은 기술의 수준과 영향력이 알파고보다 훨씬 충격 적으로 다가오며 사람들은 AI가 사람의 능력을 넘어설 시기를 다시 예측하기 시작한 것이다. 챗GPT의 답변은 마치 사람이 직접 답변하

생성형 AI 기반의 소프트웨어인 미드저니로 생성한 그림

출처: Discord

는 것이 아닐까 하는 생각이 들 정도로 질문에 대한 뉘앙스와 맥락, 개념적인 문제까지 이해하고 답변한 듯한 느낌이 들었기 때문이다.

불과 2~3년 전만 해도 인공지능 기술은 이미지나 영상을 식별하고 사람의 언어를 이해하고 답변하는 질의응답에 활용하는 정도였다. 그마저도 완벽하지 않아서 개별 기술들을 전체 서비스 중 일부 기능에 활용한 비즈니스가 등장하는 정도였다. 그리고 코비드-19로 인한 일상생활의 변화는 오히려 기술보다는 인간 중심적인 관점에서 다양한 인공지능 서비스들을 고민하게 만들었다. 르네상스 시대에 빗대어 말하자면, AI 기술 자체에 초점이 맞춰진 시대에서 마치 인문주의가 부상하면서 인간 자체의 가치에 집중한 것같이 인류의 안전에 AI 기술을 활용하는 데 관심을 갖기 시작했다고 할 수 있다. 아무튼 이러한 기술 및 비즈니스 트렌드를 포함해 전 세계가 향하는 방향을 살펴보기에 가장 좋은 방법 중 하나가 바로 글로벌 ICT(정보통신기술)전시회를 통해 국가별, 산업별, 기업 규모별, 기술별 전시 특성을 보는 것이다.

‖ 인공지능에 대한 대중의 인식 변화 ‖

가장 큰 글로벌 ICT 전시회 중 하나이면서 미국 라스베이거스에서 매년 1월 초 열리는 CES 전시회를 통해 현재의 기술과 비즈니스 트렌드의 흐름을 조망할 수 있다. 지난 CES 2022의 주제는 'Beyond the Everyday(일상을 넘어서)'로, 인공지능 기술들을 연결성, 확장성, 실용성 기반의 관점으로 접근했다. 과거 몇 년간 독보적인 주인공 위주의 스토리를 그려왔던 AI는 CES 2022에서 다양한 분야에서 맛깔스런 조연으로까지 역할을 확장한 셈이다.

그다음 해인 CES 2023의 주제는 'Be in it(빠져들어라)'으로, 인공지능 기술과 산업 간의 연결성, 확장성, 실용성은 그대로 강조하면서 좀 더 성숙해진 인공지능 기술들을 통해 각 산업별 비즈니스에 좀 더 디테일한 스토리를 가지고 경쟁력을 갖췄다. CES 2023 전 분야에 출품된 제품들과 서비스에 AI는 마치 기본 부속품처럼 포함되어 있었다고 봐도 과언이 아닐 정도였다. 그야말로 'AI Everywhere(어디에나 있는 AI)'였다. AI 기술 자체를 드러내기보다는 제품 및 서비스를 통해 전달하려는 메시지에 집중하는 듯했다. 요즘 소비자들의 트렌드에 맞춰 맞춤화되고 개인화된 서비스들이 많이 등장했으며, 활용 분야 측면에서도 스마트 가전부터 디지털 헬스케어, 의료, 뷰티, 쇼핑, 금융 등에 이르기까지 다양해졌다.

그리고 CES 2024의 주제는 'All Together, All On(모두를 위한, 모든 기술의 활성화)'으로, 모든 분야에서 인류의 문제를 디지털 첨단 기술을 통해, 특히 AI를 통해 해결하고 혁신하자는 메시지가 담겨 있다. 이처럼 생성형 AI 기술의 활발한 연구와 눈부신 성능 향상으로 그 수준이 사람에 가까워짐에 따라 우리의 일상 전반을 변화시킬 기술이라 평가받으면서 AI는 다시금 전 산업 분야에서 또는 우리 일상에서 중요한 키워드가 되었다.

2023년은 AI 기술에 있어 하나의 분기점 같은 시기였다. 수십 년의 AI 기술 발전이 지난 2023년 한 해에 폭발했다. 전에 없던 기술들이 빅테크 중심으로 숨가쁘게 등장했고, 경쟁적으로 새로운 AI 기법들이 논문과 컨퍼런스 및 세미나 발표로 공개되었다. 어제 새로웠던 기술은 오늘 더 이상 새로운 기술이 아니며, 전 세계의 AI 기술을 리드하는 회사의 CEO조차도 며칠 사이에 소속이 바뀔 뻔했을 정도로 다이내믹했던 한 해였다. 샘 올트먼이 오픈AI에서 쫓겨나 마이크로소프트로 갈 뻔한 해프닝이 바로 그것이다.

우리는 더 이상 미디어 및 관련 전문가들이 알려주는 정보와 방향만 바라보고 있을 수는 없다. 지난달엔 모두 서쪽이라 말했지만 이번 달엔 동쪽이라 말하는 상황이 앞으로 비일비재하게 생길 것이다. 지금 우리에게 필요한 능력은 전문가들이 손가락으로 가리키고 있는 그곳을 아는 것이 아니라, 왜 그곳을 가리켰는지 그 이유를 간파할 수 있는 '생각하는 힘'이다. 내가 위치한 이곳의 변화를 스스로 해석해내는 힘이 필요하다.

‖ 인공지능에 대한 마인드셋을 바꿔야 할 시점 ‖

지난 2023년 생성형 AI 기술의 발전 속도 및 특징들을 지켜보면서 생성형 AI 기술이 기존의 AI 기술과 본질적으로 다른 것은 '다양성'이라는 생각을 했다. 기존 AI 기술은 정답을 맞추고, 개체를 분류하고, 미리 학습된 범위 내에서 단조로운 답변들을 만들어냈지만, 지금 생성형 AI 기술은 초거대 AI 모델과 학습된 방대한 양의 데이터로부터 상당히 다양한 조합의 답변이 나올 수 있다. 그 답변조차도 프롬프트에 어떤 내용이 들어갔느냐에 따라 일종의 AI가 인간에게 보여주는 답변의 정성(놀랍게도 좀 더 원하는 답변이나 퀄리티를 얻어내기도 한다.)이 달라진다. 실제 프롬프트에 절실함을 담아 AI에게 상황을 설명하면, 답변 또한 AI가 엄청난 정성을 들인 듯(?) 출력되는 재미있는 사례가 많다.

2023년 글로벌 빅테크들의 대량 정리해고 뉴스는 다소 충격적이었다. 아마존, 구글, 메타, 마이크로소프트, 세일즈포스 등의 빅테크 기업들은 직원을 최대 13%까지 해고했으며, X(구 트위터)는 직원의 절반을 해고했다. 2024년 최근에도 구글은 엔지니어링과 하드웨어팀에 대한 또 다른 정리해고를 발표하기도 했다. 이제 AI를 주도하는 빅테크에서 근무하고 있다고 해서 우리의 일자리가 안전한 것도 아니라는 의미이다.

그럼 이런 상황에서 우리는 무엇을 해야 할까? 여전히 AI 기술을 개발하는 엔지니어링 역량을 키워야 하는 걸까? 이렇게 쏟아지는 정보 속에서 우리가 하고자 하는 건 무엇일까? 우리는 선택해야 한다. AI 기술 자체를 깊이 있게 이해하는 것, 최신 AI 기술이 적용된 서비스를 경험해보는 것, 적극적으로 최신 AI 기술을 활용하는 것, AI 기술의 등장에 따른 변화의 맥락을 이해하는 것 등 이 모든 것 중에서 가장 필요한 건 무엇일까? 이 모든 것을 위해 지금 우리에게 필요한 것은 '해석하는 힘'이다. 이 AI 시대에 무엇을 보고 어떻게 해석해야 하는지를 이 책에서 살펴보고자 한다. AI 시대를 채우고 있는 기술, 기업, 비즈니스, 사람이 어떤 의미가 있는지, 왜 그런 선택들을 했는지 해석하는 데 이 책이 조금이라도 도움이 되었으면 좋겠다.

차례

1부　지금은 AI 시대

1장　AI가 세상을 움직이는 AI 시대를 산다

2장　챗GPT로 불붙은 AI 전쟁

AI는 지금 이 시대의 선택이 아닌 필수적인 도구로 인식되기 시작했다. AI는 단순한 기술 발전을 넘어 인간의 능력을 넘어설 시기를 논하기 시작했으며, 인류의 디지털 혁명의 중요한 요소로 자리 잡았다. AI 기업과 클라우드 사업자 간의 협력은 필연적인 조합으로 여겨지며, 생성형 AI 분야의 경쟁은 점점 더 치열해지고 있다. 더불어 AI의 민주화는 더욱 주목받을 것으로 예상되며, AI 안정성의 중요성 역시 계속 강조될 것이다.

지금은 AI 시대

챗GPT는 단순히 기술 발전을 넘어서 인간과 동등한 역할을 할 수 있을 날이 머지않았음을 보여주고 있다. 기술 혁신과 대중성을 동시에 갖추며 인류의 디지털 혁명의 한 축이 되었다. 정보의 이해와 요약을 넘어 창의적인 콘텐츠 생성 능력까지 갖추었다. 기술의 영역을 넘어 종교부터 로맨스 소설에까지 활용되면서 그야말로 우리 일상생활 깊숙이 파고들고 있다. 더불어 멀티모달 AI가 등장하면서 사용자는 더욱 풍부하고 생동감 있는 경험을 할 수 있는 시대가 도래했다.

1장

AI가 세상을 움직이는
AI 시대를 산다

세 번째 AI 겨울이 오기 전, 봄소식을 전한 챗GPT

"이 지구상에 다른 뉴스는 정말 없는 건가요?"라고 묻고 싶을 지경이었다.
챗GPT를 써봤다는 것은 내가 최신 기술과 트렌드를 이끈다는 의미였고,
사람들은 그분(챗GPT)을 영접했다는 것을 인증하기에 바빴다.
챗GPT는 지금 이 시대에 누구나 반드시 알아야 하는
하나의 생존 도구 또는 상식이었다.

지난 2022년 11월 말 세상에 공개된 챗GPT의 열기는 2023년 여름이 되면서 절정에 이르렀다. 챗GPT을 설명할 때 생성형 AI, 초거대 AI, 대형 언어 모델(LLM: Large Language Model), 파운데이션 모델 등 핵심 특징에 따라 다양한 용어로 설명하곤 하는데 사실 GPT의 알파벳 'G'에 해당하는 생성형 AI(Generative AI)는 챗GPT로 갑자기 튀어나온 기술이 아니다. 딥러닝 기준으로 보면 이 생성형 AI의 핵심 기술의 시작점은 적대적 생성 신경망(GAN: Generative Adversarial Network)이 등장한 2014년으로 볼 수 있고, 좀 더 일반 대중의 시선을 끌었

던 시기는 오픈AI(OpenAI)에서 달리(DALL·E) 모델을 공개한 2021년 1월이라 볼 수 있다.

달리 모델은 텍스트와 이미지의 쌍으로 된 데이터셋으로, 텍스트 설명으로부터 이미지를 생성하도록 훈련된 120억 개 파라미터셋의

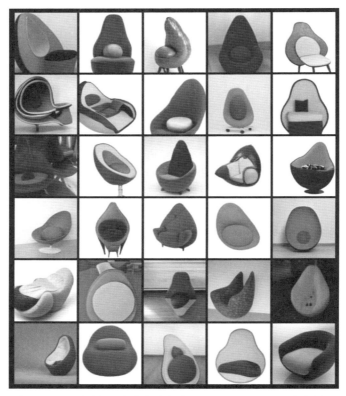

오픈AI의 DALL·E를 설명하는 데 가장 많이 인용된 이미지는 아보카도 안락의자(Avocado Armchair)이다. 텍스트 프롬프트에 'an armchair in the shape of an avocado'와 같이 단어의 연관성이 떨어지는 '아보카도'와 '안락의자'라는 텍스트를 입력하더라도 이 두 텍스트를 통해 기존에 존재하지 않는 이미지를 생성해낸다.

출처: 오픈AI https://openai.com/research/dall-e

지금은 AI 시대

GPT-3를 파인튜닝해서 만들어졌다. 특히 2021년 당시 오픈AI의 수석과학자 일리야 수츠케버(Ilya Sutskever)는 앞으로 '이미지'와 '텍스트'를 모두 이해하는 AI 모델을 갖게 될 것이라고 인터뷰에서 언급했다. 그로부터 정확히 2년 뒤 '이미지를 이해하고 텍스트로 설명할 수 있는' GPT-4 모델이 2023년 3월 출시된 것을 생각하면 2021년의 인터뷰에서의 통찰이 놀랍지만, 안타깝게도 당시에는 생성된 이미지의 품질이 높지 않다 보니 AI 연구자를 제외하고는 크게 주목받지 못했다.

‖ 대중을 한 눈에 사로잡은 챗GPT의 요란한 등장 ‖

하지만 2022년 11월 말 챗GPT의 등장을 둘러싼 반응은 완전히 달랐다. 챗GPT는 GPT-3에서 대화형으로 좀 더 발전된 모델이었다. 우선은 지금껏 볼 수 없었던 인간의 언어 수준을 넘는 듯한 높은 AI 성능에 해외 빅테크 기업들의 CEO, CTO 및 인플루언서 들은 그야말로 폭발적으로 반응했다. 국내에서도 이러한 기술에 민감한 전문가, 비전문가 할 것 없이 엄청난 반응을 보였다.

사실 기존의 AI 기술들은 생각해보면 AI 관련 업계 전문가 외에는 어디서, 어떻게 사용할 수 있는지가 접근성 측면에서 좋지 않았다. 당연히 일반 대중은 기껏해야 완성된 서비스로 AI를 경험할 수

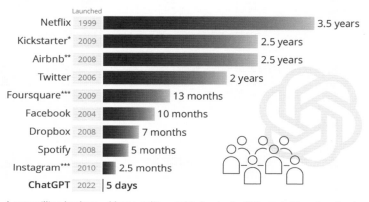

ChatGPT Sprints to One Million Users

Time it took for selected online services
to reach one million users

	Launched		
Netflix	1999		3.5 years
Kickstarter*	2009		2.5 years
Airbnb**	2008		2.5 years
Twitter	2006		2 years
Foursquare***	2009		13 months
Facebook	2004		10 months
Dropbox	2008		7 months
Spotify	2008		5 months
Instagram***	2010		2.5 months
ChatGPT	2022		5 days

* one million backers   ** one million nights booked   *** one million downloads
Source: Company announcements via Business Insider/Linkedin

챗GPT는 출시 후 단 5일 만에 100만 명의 사용자를 만들어냈고, 역사상 가장 빠르게 확
산된 기술이 되었다. 그 전까지 가장 빨리 100만 명의 사용자를 만들어낸 것은 인스타그
램으로 2.5개월이 걸렸고, 스포티파이는 5개월이 걸렸다.

출처: statista

있을 뿐이었다. 하지만 챗GPT는 웹브라우저에서 URL만으로도 쉽
게 접근할 수 있고, 남녀노소 할 것 없이 우리가 일상에서 사용하는
채팅 앱의 친숙한 사용자 인터페이스(UI)와 사용자 경험(UX)을 제공
하고 있기 때문에 AI 기술을 잘 모르는 일반 대중들도 쉽게 사용할
수 있다. 더불어 우리가 과거 경험해본 AI와는 완전 다르다고 느낄

정도의 제법 쓸 만한 성능까지 갖추고 있다. 챗GPT는 이제 지금 이 시대에 반드시 알아야 하는 하나의 생존 도구 또는 상식으로 자리 잡기 시작한 것이다.

전 세계 뉴스 헤드라인을 점령한 챗GPT

챗GPT는 미국의 시사주간지 《타임》의 표지를 장식했고,
과학 저널 《네이처》의 '네이처 10'으로 선정되었다.
기존의 상식이라면 기술을 개발하고 연구한 인물이 선정되어야 할 텐데,
눈에도 보이지 않는 AI 기술 자체가 인간과 어깨를 나란히 하게 된 것이다.
(챗GPT가 어깨가 있던가…)

미국의 시사주간지 《타임》의 2023년 2월 27일자는 챗GPT의 놀라움과 화제성을 대변해주듯, 챗GPT를 표지 인물(챗GPT를 인물로 표현해도 될까…)로 선정했다. 눈에 보이지 않는 AI 기술 자체가 《타임》의 표지에 등장하다니!

그뿐만이 아니다. 2023년 12월 14일자 과학 저널 《네이처》는 '네이처 10'에 처음으로 '인간이 아닌(non-human)' 챗GPT를 인간들과 함께 선정했다.

‖ 《타임》의 표지 모델이 된 인공지능 ‖

다시《타임》이야기로 돌아가보자. 2023년 2월 27일자《타임》표지에는 챗GPT와의 문답 내용이 실렸으며, 그 내용은《타임》의 커버스토리 주제로 'The AI Arms Race Is Changing Everything(모든 것을 바꾸고 있는 AI 군비 경쟁)'에 대한 질문과 챗GPT의 답변이 마치 인터뷰의 한 부분처럼 실렸다. 그리고 인터뷰어인 기자 두 명의 이름 하단엔 'human'이라 표기했다.

《타임》에 사람 인물이 아닌 그 무엇이 나온 것이 사실 챗GPT가

2023년 2월 27일자 《타임》 표지에는 챗GPT와의 문답 내용이 실렸으며, 챗GPT의 답변이 마치 인터뷰의 한 부분처럼 실렸다. 《타임》에 사람 인물이 아닌 그 무엇이 나온 것이 사실 챗GPT가 처음은 아니며, 1982년 표지에는 컴퓨터 화면과 함께 컴퓨터 화면을 바라보며 앉아 있는 남자가 실렸다. 그때 헤드라인은 "The Computer Moves In"이었다.
출처: 미국의 시사주간지 《타임》 1982년, 2023년 표지

처음은 아니다. 1983년 《타임》 표지에는 컴퓨터 화면과 함께 컴퓨터 화면을 바라보며 앉아 있는 남자가 표현되어 있는데, 그때 헤드라인은 "The Computer Moves In(컴퓨터가 일상으로 들어왔다.)"이었다.

2023년 상반기엔 하룻밤 자고 나면 새로운 AI 모델이 등장했고, 글로벌 빅테크의 새로운 뉴스들로 인터넷이 가득 채워졌다. 약간의 과장을 덧붙이자면 AI 전문가들에게는 다음 날 눈 뜨고 일어나면 쏟아지는 새로운 기술 소식들을 읽는 것만으로도 하루가 모자랄 지경이었다. 이때 각종 xxx-GPT라는 표현의 논문과 뉴스 기사들을 쉽게 접할 수 있었는데, xxx-GPT라는 이름을 가진 모델 중에서 여러 가지로 상징적인 GPT 2가지만 소개해보려고 한다.

‖ 국가와 산업의 핵심 어젠다가 된 인공지능 ‖

AI 관련 학계나 빅테크 기업들의 GPT 모델들에 대한 언급은 사실 그리 놀랍지 않지만, 지금 언급하는 두 개의 GPT는 의외일 수 있다. 하나는 글로벌 빅테크도 아닌 글로벌 금융 기업인 블룸버그가 제시한 '블룸버그GPT(BloombergGPT)'이며, 다른 하나는 국가 차원의 GPT를 구축하겠다고 나선 영국의 '브릿GPT(BritGPT)'이다. 'AI Everywhere'이라고는 했지만, 이 두 GPT를 보면 AI가 국가와 산업을 모두 초월한 어젠다가 되고 있다는 것을 알 수 있다.

지금은 AI 시대

Finance-Specific	BloombergGPT	GPT-NeoX	OPT-66B	BLOOM-176B
Financial Tasks	62.51	51.90	53.01	54.35
Bloomberg Tasks (Sentiment Analysis)	62.47	29.23	35.76	33.39

General-Purpose	BloombergGPT	GPT-NeoX	OPT-66B	BLOOM-176B	GPT-3
MMLU	39.18	35.95	35.99	39.13	43.9
Reading Comprehension	61.22	42.81	50.21	49.37	67.0
Linguistic Scenarios	60.63	57.18	58.59	58.26	63.4

블룸버그GPT 언어 모델에 대한 논문을 살펴보면, 블룸버그GPT는 일관성 있게 GPT-NeoX, OPT-66B, BLOOM-176B보다 좋은 성능을 보이며, 특히 금융 특화 업무에 대해서는 가장 좋은 결과를 얻었다.

출처: BloombergGPT: A Large Language Model for Finance https://arxiv.org/abs/2303.17564 논문

2023년 3월 30일 블룸버그는 방대한 금융 데이터로 훈련된 금융에 특화된 대규모 언어 모델인 블룸버그GPT를 소개하는 논문을 발표했다. 블룸버그GPT는 금융 뉴스, 회사의 재무제표 등 지난 40년간 수집한 블룸버그의 금융 관련 데이터를 활용해 대규모 훈련 데이터셋을 생성했으며, 이를 이용해 500억 개의 매개변수가 있는 언어 모델을 훈련했다. 블룸버그GPT 모델 학습에는 약 53일 동안 64대의 서버와 엔비디아 A100 GPU가 사용되었다고 하는데, 모델 개발에만 약 270만 달러가 들었다. 이 모델은 BQL(Bloomberg Query Language: 블룸버그 쿼리 언어) 생성, 뉴스 헤드라인 제안 및 작성, 금융 관련 질문에 대한 답변 등의 작업이 가능하다. BQL이란 블룸버그 플랫폼에서 금융 데이터에 액세스하고 분석하는 데 사용되는 쿼리 언어로 데이터 검색, 데이터 분석, 보고서 생성, 인사이트 생성과 같은

다양한 작업에 사용할 수 있는데, 이때 블룸버그GPT를 통해서 자연어 쿼리를 BQL로 변환해 금융 데이터와의 인터렉션을 보다 자연스럽게 만들 수 있다. 현재는 내부에서만 활용되고 있으며, 일반 사용자에게 API(Application program interface: 응용 프로그래밍 인터페이스) 등이 제공되고 있진 않다. 하지만 그 성능은 기존에 공개된 모델보다 금융에 특화된 영역에 대해서는 훨씬 성능이 뛰어나다고 알려져 있다.

2023년 3월에 흥미로운 뉴스 헤드라인이 있었다. 그것은 바로 영국 정부가 브릿GPT를 위해 GPU 구매에 나선다는 뉴스였다. 내용인즉 국가 차원의 GPT가 있어야 하며, 챗GPT, 빙챗(Bing Chat) 및 구글의 바드(Bard)와 같은 서비스를 뒷받침하는 대규모 언어 모델에 대한 국가적 투자가 필요하며, 브릿GPT를 통해 국가안보와 경쟁력 확보를 해야 한다면서 정부 차원에서 브릿GPT를 언급한 것이다.

리더들의 챗GPT에 대한 말말말, 아이폰 모멘트

아이폰의 등장이 디지털 경제의 폭발적인 성장을 이끈 것처럼,
챗GPT 역시 기술의 혁신과 대중성이라는 두 마리 토끼를
모두 잡으면서 AI 혁명의 전환을 이끌었다.
챗GPT의 신드롬이라고 부를 만할 정도의
매우 폭발적인 호응이었다.

챗GPT는 공개된 지 단 5일 만에 100만 명, 단 두 달 만에 월간 활성 사용자 수(MAU)가 1억 명을 돌파했다. 그래서 지금 현재의 AI에 대해서 '아이폰의 순간(iPhone moment)'이라고 말한다.

애플의 공동창업자인 스티브 잡스가 1세대 아이폰 출시에 대해 발표한 것이 2007년 1월이었고, 실제 제품이 2007년 6월 19일 출시된 이후 지금까지 약 15년 동안 글로벌 빅테크 기업인 아마존, 구글, 마이크로소프트는 5조 달러 이상의 경제적 가치를 창출했다. 그리고 지금 제2의 '아이폰의 순간'이라고 말하는 챗GPT는 아이폰 이상

Sam Altman ✓ @sama · Dec 4, 2022

i agree on being close to dangerously strong AI in the sense of an AI that poses e.g. a huge cybersecurity risk. and i think we could get to real AGI in the next decade, so we have to take the risk of that extremely seriously too.

샘 올트먼(OpenAI CEO)

"10년 이내에 (인간을 대체할 수 있는) 일반 인공지능에 다가갈 것이다."

Elon Musk ✓ ✕
@elonmusk

Subscribe ···

ChatGPT is scary good. We are not far from dangerously strong AI.

일론 머스크(스페이스X CEO)

"챗GPT는 무섭도록 훌륭하다. '위험할 정도로 강력한 AI(인공지능)'는 멀지 않았다."

Aaron Levie ✓
@levie

ChatGPT is one of those rare moments in technology where you see a glimmer of how everything is going to be different going forward.

애런 레비(BOX CEO)

"챗GPT에 충격을 받은 사람들이 누군지 보라. 이들은 뭔가 새로운 것이 나올 때마다 흥분하는 사람들이 아니다. 분명히 무언가 엄청난 일이 벌어지고 있다."

Levi ✓
@Levijameshere

Playing with ChatGPT yesterday was one of those holding the first iPhone in your hand level moments for me. This is going to change everything in ways we don't yet understand.

레비 벤커트(하버 캐피털 CEO)

"챗GPT를 접했을 때 그것은 마치 내가 아이폰을 처음 잡았을 때의 느낌 같았다. 이것은 우리가 아직 이해하지 못하는 모든 것을 바꿀 것이다."

지금은 AI 시대

Linas Beliūnas 🔗
@linas.beliunas

Time it took to reach **1 million users**:

Netflix - 3.5 years
Airbnb - 2.5 years
Facebook - 10 months
Spotify - 5 months
Instagram - 2.5 months
iPhone - 74 days
ChatGPT - 5 days

ChatGPT is one of those rare
moments in technology that **will
reshape everything** going forward.

리나스 벨리우니스(금융기술전문가)

"챗GPT는 기술 분야에서 앞으로 모든 것을 새롭게 변화시킬 드문 순간 중 하나이다."

출처: 링크드인, X.com

의 혁명을 가져올 것이라 예상하고 있다.

물론 여전히 잠깐의 유행처럼 보며 회의적인 시선을 보내는 이도 없지 않다. 하지만 대다수의 사람들은 흘러가버릴 유행이 아닌 지금이 시대의 흐름이며, 반드시 따라잡아야 할 기술로 보고 있다.

‖ AI 혁명의 전환점이 된 챗GPT ‖

아이폰이 디지털 경제의 성장을 폭발적으로 이끈 것처럼, 챗GPT 역시 AI 혁명의 전환점이 되고 있다.

"iPhone moment for
artificial intelligence"
-MS CEO, Satya Narayana Nadella

"The iPhone moment of
AI has started"
-NVDIA CEO, Jensen Huang

생성형 AI 시대의 투톱인 마이크로소프트의 사티아 나델라(Satya Nadella)와 엔비디아의
젠슨 황(Jensen Huang) 모두 챗GPT를 아이폰의 순간(iPhone Moment)이라 표현했다.

출처: 각 사 제공

　　오픈AI의 최대 투자자인 마이크로소프트는 빙(Bing) 검색 엔진을
비롯해 워드, 엑셀, 파워포인트를 포함한 전체 생산성 소프트웨어 제
품군에 챗GPT AI 기술을 적용했고, 구글은 바드(Bard)라는 AI 챗봇
을 출시했다[참고로 바드는 향후 제미나이의 AI 모델로 적용되면서 서비스 브랜드를
제미나이(Gemini)로 변경했다]. 메타 역시 자체 AI 챗봇 개발 작업을 시작
했으며, AI를 활용해 광고 사업을 개선할 방안을 모색하고 있다. 엔
비디아도 지난 2023년 8월 AI 칩 수요에 힘입어 매출은 기대치를
20% 이상을 초과했고, 수익은 기대치를 30% 이상 상회했다.

　　2022년 11월 챗GPT의 등장은 1995년 인터넷, 2007년 애플의 아
이폰 출시와 비교할 수 있는 AI 혁명이라 부를 수 있다. 기술이 아무
리 뛰어나더라도 대중성을 확보하지 못하면 세상에서 빛을 발하지

못하고 사라지는 일도 많다. 그 가치를 인정받고 주류의 트렌드로 세상을 변화시키기 위해서는 대중의 관심과 지지가 반드시 필요하다. 그런 점에서 챗GPT는 현재의 AI 기술의 접근성과 대중성을 모두 확보했고, 거침없이 혁명의 걸음을 내딛고 있다.

인터넷이 탄생하고 아이폰이 출시되기까지 거대 기술 기업인 아마존, 알파벳, 마이크로소프트의 총 시장가치는 약 5,000억 달러에 달했으며, 현재 이 3개 기업의 시장가치를 합치면 약 5조 달러 상당으로 아이폰 출시 전후의 총 가치 차이가 10배 정도이다. 한편 오픈AI는 2022년 11월 말 챗GPT를 출시한 이후 회사 가치가 2023월 12월 기준 1,000억 달러(한화 약 130조 원)가 되었다.

전통적인 AI 기술과
생성형 AI는 무엇이 다를까?

생성형 AI는 복잡도 있는 지식 간의 연관관계를 이해하고 요약하며 답을 찾아낸다.
뿐만 아니라 창의적인 콘텐츠 생성 능력까지 갖추며
사람에 근접한 언어지능과 정보 분석 및 해석 능력으로
기존의 AI의 활용 범위를 훨씬 넘어
다양한 산업 분야에서의 활용 가능성을 열어줬다.

　　기존의 AI 기술을 이야기할 때 늘 인용되는 이야기가 있다. 그것은 바로 개와 고양이를 구분하는 AI에 대한 이야기다. 개와 고양이의 사진을 문제와 정답의 형태로 잔뜩 학습시킨 후에 둘을 구분하도록 한다. 이것은 분류와 예측을 하는 기술이다. 데이터를 학습하고, 해당 데이터를 기반으로 결정 또는 예측하며, 사전에 입력된 정보에 따라 모든 패턴을 알고 이를 통해서 예측하고 이미 프로그래밍이 되어 있는 케이스들 중에서 동작하는 것이 과거의 전통적인 AI라고 할 수 있다.

The Generative AI Application Landscape

	TEXT	CODE	IMAGE	SPEECH	VIDEO	3D	OTHER
APPLICATION LAYER	Marketing (content)						
	Sales (email)	Code generation	Image generation				Gaming
	Support (chat/email)	Code documentation	Consumer/ Social				RPA
	General writing	Text to SQL	Media/ Advertising		Video editing/ generation		Music
	Note taking	Web app builders	Design	Voice Synthesis		3D models/ scenes	Audio
	Other						Biology & chemistry
MODEL LAYER	OpenAI GPT-3	OpenAI GPT-3	OpenAI Dall-E 2	OpenAI	Microsoft X-CLIP	DreamFusion	TBD
	DeepMind Gopher	Tabnine	Stable Diffusion		Meta Make-A-Video	NVIDIA GET3D	
	Facebook OPT	Stability.ai	Craiyon			MDM	
	Hugging Face Bloom						
	Cohere						
	Anthropic						
	AI2						
	Alibaba, Yandex, etc.						

다양한 생성형 AI 모델을 통해 텍스트, 비디오, 이미지, 음악, 코드 등 콘텐츠 생성이 가능하며, 인간과 유사한 수준의 창의성으로 다양하고 유용한 어플리케이션 개발이 가능해졌다.

출처: 세쿼이아 캐피털(Sequoia Capital)

반면에 생성형 AI는 일종의 콘텐츠를 새롭게 만들어내도록 설계된 AI 모델이라고 할 수 있다. 여기서 콘텐츠란 텍스트를 비롯해 이미지, 오디오, 비디오 등으로 AI 알고리듬을 통해 학습된 데이터셋을 통해서, 혹은 이를 모방해 다양한 유형의 콘텐츠들을 새롭게 복제해내는 것이다.

그러한 이유로 생성적 AI는 음악, 미술, 소설 창작 등을 비롯해서 제품 디자인, 마케팅과 같은 창의적인 영역에 더욱 적합하며, 비즈니스에서도 비즈니스 프로세스를 개선하고 데이터 분석 성능을 향상시키는 등 기존의 AI 기술과는 다른 중요한 역할을 할 수 있게 되었다.

다만 생성형 AI의 기본이 되는 학습데이터들은 결국은 모두 과거 인간이 생성한 콘텐츠에 기반해 생성된다. 즉 생성형 AI의 창의적인 산출물들은 결국은 인간의 창의성에서 일종의 영감을 받아 만들어졌다고 할 수 있다. 우리가 가장 쉽게 접하는 뉴스 기사부터 다양한 학술적인 자료들과 이미지, 음성, 음악에 이르기까지 콘텐츠라고 부를 수 있는 모든 것들이 이에 해당할 것이다.

이런 특징 때문에 현재 생성형 AI는 기존에 빅데이터를 통해 학습된 텍스트·이미지·동영상 등의 지식 속에서 분석하고, 예측하는 등 답을 찾아내던 인공지능에서 좀 더 복잡도가 높은 지식 간의 연관 관계를 이해하고 요약하며 답을 찾아낼 수 있다. 뿐만 아니라 생성형 AI는 창의적인 영역까지 더해져서 사람처럼 느껴질 정도의 언어적인 지능과 다양한 멀티모달로 들어오는 정보들을 분석하고 해석하는 능력을 갖추고 있다. 마케팅, 기획, 전략, 비즈니스 관련 콘텐츠나 이메일 작성도 가능하며, 긴 글에 대한 요약문이나 제목 등을 작성하고, 소설, 시, 노랫말 등 창작도 가능하다. 다양한 프로그래밍 언어로 코딩할 수 있고, 텍스트 설명을 통해서 이미지와 동영상 등을 만들어내기도 하며, 이미지에 대한 질문을 분석하고 설명하는 것도 가능하다.

지금은 AI 시대

‖ 생성형 AI가 우리에게 던지는 시사점 ‖

이러한 생성형 AI가 우리에게 던지는 시사점은 무엇일까?

첫째, 생성형 AI 모델들은 기본적으로 모두 이미 충분하게 많은 데이터로 학습된 초거대 AI 모델이다. 오픈 소스를 비롯해 국내외 빅테크 기업들이 다양한 API나 앱 형태로 기술을 제공함으로써 AI 관련 비즈니스를 할 때 AI 원천 기술에 대한 진입 장벽이 낮아졌으며, 이로써 AI 기술이 전체적으로 상향 평준화되는 계기가 되었다. 따라서 AI 기술 개발도 중요하지만 실제 활용 측면에서 어떤 차별화된 아이디어로 경쟁력을 가져갈 것인지가 더욱 중요해졌으며, 이제는 AI 기술의 우수함과 경쟁력을 비즈니스 가치로 실제로 증명해서 보여줄 시기가 되었다고 할 수 있다.

둘째, 이러한 AI 민주화로 인해 기술도 중요하지만 상대적으로 실제 활용하려는 기업 혹은 기관, 단체가 가지고 있는 고유한 데이터의 경쟁력이 더욱 중요해졌다. 데이터의 경쟁력이란 단순히 빅데이터, 즉 데이터의 양만을 의미하는 것이 아니다. 데이터의 양이 충분히 많다는 의미와 실제 활용 목적에 맞는 고품질의 데이터를 보유하고 있는지의 여부는 또 다른 문제이기 때문이다. AI 활용 목적에 맞는 정합성과 정확성을 가지는 데이터이면서 충분히 많은 데이터를 확보하고 수집하는 것이 바로 생성형 AI 기술 시대의 더욱 큰 경쟁력이 될 것이며, 해당 데이터들의 학습을 통해 최적의 성능을 만들어내는 파인튜닝의 노하우 역시 앞으로 더욱 중요해질 것이다.

셋째, 생성형 AI는 기존의 AI와 비교해 놀라운 성능과 무한한 가능성을 보여줬지만, 동시에 모델 크기가 크고, 활용하기 위해서 많은 학습 비용과 운영 비용이 예상되는 기술이기도 하다. 또한 알려진 모든 모델에는 보완해야 할 사항과 문제점들이 아직은 존재하며, 매일 새로운 논문과 관련 뉴스들이 넘쳐나고 있다. 즉 생성형 AI는 여전히 발전하고 있는 기술이며, 완성된 기술이 아니다. 따라서 시각을 다각화하고, 여러 협업 체계와 방법론을 시도해볼 필요가 있다.

서점과 유튜브를 채운
챗GPT가 말하는 진실

챗GPT는 AI 기술이지만 미국 아마존닷컴 서적에서 검색해보면
흥미롭게도 종교부터 로맨스까지 다양한 카테고리에서 다뤄지고 있다.
이것은 바로 현재 AI 기술이
전 산업 분야를 넘어 우리의 일상 깊숙이 들어와
모두의 관심이 되었음을 단적으로 말해준다.

챗GPT가 등장한 후 딱 1년 정도 되었을 때 아마존닷컴(Amazon.
com)에서 'ChatGPT'로 검색을 해본 적이 있다. 영문 서적 기준으로
검색되는 권수가 1만 권이 넘었고, 그 분야는 보편적으로 예상 가능
한 컴퓨터·기술(Computer & Technology)을 비롯해 기독교·성경·로맨
스(Christian Books & Bibles, Romance)까지 다양했다. 당시 기준 최근 30
일 내 출판된 서적의 목록도 무려 1,000여 권이 넘었다. 이처럼 서
점을 가득 채운 챗GPT가 전달하는 메시지가 무엇인지 단 한 가지
사례로 설명해볼까 한다.

‖ 단 이틀 만에 작가의 꿈을 이루는 시대 ‖

챗GPT가 출시된 이후 소셜미디어 X.com(X라는 단어는 정말 시간이 지나도 익숙해지지 않는다. 과거의 트위터를 의미함)에 아마르 레이쉬(Ammaar Reshi)라는 사람이 2022년 12월 10일에 아동도서 출판에 대한 트윗을 남겼다.

챗GPT가 출시된 후 불과 2주 정도 시간이 지났을 뿐인데, 더 놀라운 것은 챗GPT와 미드저니(MidJourney), 그리고 다른 몇 가지 AI

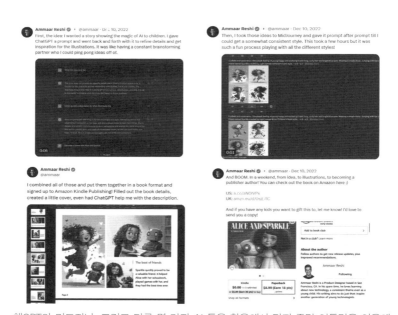

챗GPT와 미드저니, 그리고 다른 몇 가지 AI 툴을 활용해서 단지 주말 이틀만을 이용해 앨리스와 스파클(Alice and Sparkle) 아동서적을 AI로 만드는 과정을 상세하게 X.com에 소개했다.

출처: X.com

툴을 활용해서 단지 주말 이틀 만을 이용해서 아동도서를 완성했다는 것이며, 그 과정을 상세하게 트위터(역시나 익숙해지지 않는다. 소셜미디어 X를 의미함)에 소개했다. 이 과정에 대한 설명을 듣고 나면, '아! 이것이 바로 생성형 AI구나!'라고 이해할 수 있으며, '이거 큰일인데…'라는 막연한 걱정이 동시에 들기 시작할 것이다.

아마르 레이쉬는 먼저 아이들에게 AI의 마법을 보여주는 이야기를 쓰고자 계획했다. 세부 스토리라인을 다듬고 일러스트에 대한 영감을 얻기 위해 챗GPT에서 프롬프트를 입력하는 과정을 반복하면서 마치 챗GPT를 브레인스토밍을 함께 하는 파트너처럼 활용했다. 그런 다음 미드저니에서 그 아이디어를 가지고 다양한 스타일로 삽화를 만드는 과정을 거쳤다. 그리고 이 모든 것들을 조합해 책 형태로 정리한 후에 아마존 킨들 출판사에 가입해서 표지를 비롯한 책의 세부사항을 작성했으며, 심지어 그 과정조차도 챗GPT의 도움을 받아 출판까지 했다. 아이디어부터 일러스트까지, 작가가 되는 데는 이틀이면 충분했다. 책 쓰는 게 이렇게 쉬운 일이었다니….

‖ 챗GPT에 대한 경탄과 우려의 사이 ‖

영원히 사람만이 할 수 있을 것 같았던 글을 쓰고, 그림을 그리는 등의 창의적인 문학 및 예술 활동도 AI가 해낼 수 있다는 것이다. 물론 약간의 인간의 도움은 필요하다. 이렇게 창작활동도 하는 AI이기에 지식을 분석하고, 결과를 내고, 의사결정을 하는 것 정도는 무난히 해낼 것이란 예상이 된다. 그리고 그러한 AI의 능력과 그 능력을 인간은 어떻게 활용하고 어떤 준비를 해야 하는지에 대한 챗GPT 서적은 이제 이 세상을 사는 데 마치 필독서가 된 것처럼 서점을 가득 채우고 있는 것이다.

등장한 지 불과 1년도 안 된 어떤 것에 대해 이렇게 다양한 분야의 많은 책들이 쏟아지기란 쉽지 않다. 특히 컴퓨터, IT 분야와 같이 특정 분야의 특정 기술이 서적의 전 분야 카테고리에서 다뤄질 수 있다는 점이 놀랍다.

지금의 이러한 현상은 과거 제4차 산업혁명에 대한 언급들을 떠올리게 한다. 2016 다보스포럼의 핵심 어젠다였던 제4차 산업혁명에 대해서 다보스포럼 회장인 클라우스 슈밥(Klaus Shewab)은 지금까지 우리가 살아왔고 일하고 있던 삶의 방식을 뿌리부터 바꿀 기술 혁명 직전에 와 있으며, 그 4차 산업혁명은 그 속도와 파급 효과 측면에서 이전의 혁명과 비교도 안 될 정도로 빠르고 광범위하게 일어날 것이라 했다. 그런데 지금 현재의 생성형 AI 기술이 정확히 동일한 분위기와 흐름을 보여주고 있다.

이제는 멀티모달 AI, AI 에이전트 시대가 온다

이제는 텍스트, 이미지 등 한 개 이상의 입력(Input)을 받아
한 개 이상의 출력(Output)을 내는 멀티모달 AI가 주류가 될 것이다.
즉 텍스트와 이미지 등의 복합적인 정보를 통해
사용자가 원하는 결과를 텍스트, 이미지, 영상 등으로 보여주는 것,
바로 인간과 유사한 경험을 만들어내는 AI 에이전트 시대가 오고 있다.

오픈AI에서 2022년 11월 말에 사람보다 더 대화를 잘하는 챗GPT 세상을 만들더니 2023년 3월 14일에는 다시 이미지를 이해하는 GPT-4를 출시했다. AI가 이미지를 분류하는 수준을 넘어 이미지를 해석해서 텍스트로 표현할 수 있게 된 것이다.

예를 들어, 요리 재료들의 사진을 보여준 후 이 재료로 만들 수 있는 요리가 무엇인지 GPT-4에게 질문해보자. AI는 이미지 속 재료들을 정확하게 구분하고, 그에 맞는 다양한 요리들을 제시한다. 이미지 속 하나의 개체 이미지를 인식하는 것을 뛰어넘어 복잡한 이미

비주얼 입력(Visual Inputs):

What can I make with these ingredients?(이 재료로 무엇을 만들 수 있나요?)

Output:

There are many options for what you can make with these ingredients! Some possibilities include(이 재료로 만들 수 있는 다양한 옵션이 있습니다. 예를 들면 다음과 같습니다):

팬케이크/와플(Pancakes or waffles)

크레페(Crepes)

프렌치 토스트(French toast)

오믈렛/프리타타(Omelette or frittata)

키슈(Quiche)

커스터드/푸딩(Custard or pudding)

케이크/컵케이크(Cake or cupcakes)

머핀/빵(Muffins or bread)

쿠키/비스킷(Cookies or biscuits)

단지 몇 가지 예시일 뿐, 가능성은 무궁무진합니다!(These are just a few examples, but the possibilities are endless!)

본 예시는 요리 재료들의 사진만으로 이 재료로 만들 수 있는 요리가 무엇인지 GPT-4에게 질문한 것이다. AI는 이미지 속 재료들을 정확하게 구분하고, 그에 맞는 다양한 요리들을 제시한다. 이미지 속 하나의 개체 이미지를 인식하는 것을 뛰어넘어 복잡한 이미지를 인식해 구분하고, 다른 정보와 연관지어 새로운 정보를 제시해줄 수 있다.

출처: https://openai.com/research/gpt-4

지금은 AI 시대

지의 개별 개체들을 인식해 구분하고, 다른 정보와 연관 지어 새로운 정보를 제시해줄 수 있다는 것이다.

이러한 AI 기술에 대한 설명만 들어도 비즈니스적으로 활용할 만한 분야와 서비스가 무궁무진하게 떠오를 것이다. 그런데 여기서 끝이 아니다. 현재 AI 기술 관련해서 학계와 산업계가 모두 매우 활발하게 다양한 시도를 통해 기술을 확장해나가고 있다.

GPT-4만 가지고 멀티모달 AI와 AI 에이전트를 이야기하기에는 아쉬움이 있다. 이 아쉬움을 한 논문을 통해서 다시 말랑말랑하게 생각의 유연성을 확장해보려고 한다. 우선 '멀티모달'에 대한 설명이 우선인 듯하다.

‖ 인간과 유사한 경험을 만들어내는 멀티모달 AI ‖

멀티모달이란 한 개 이상의 입력(Input)을 받아 한 개 이상의 출력(Output)을 낸다고 생각하면 이해하기 쉽다. 우리 인간을 생각해보자. 사람은 눈으로 보고, 코로 냄새를 맡고, 귀로 소리를 들으며, 동시에 피부로 촉감을 느낀다. 그리고 그것을 글로, 말로, 그림으로 표현한다. 이것이 바로 멀티모달이다.

챗GPT만 해도 텍스트로 입력하고 텍스트로 출력되는 대화 방식이었기 때문에 멀티모달이 아니었다. 세상은 어찌 보면 일종의 다중

모드로 구성되어 있기 때문에 AI의 다중모드 처리를 할 수 있는 멀티모달 AI는 매우 중요하다.

그러면 멀티모달을 쉽게 설명해주는 논문 한 편을 살펴보자.

관련해서는 GPT-4V나 구글과 딥마인드가 개발한 멀티모달 생성형 인공지능 모델인 제미나이(Gemini: Generalized Multimodal Intelligence Network) 논문도 살펴보면 좋은데, 여기서는 NExT-GPT 관련 논문을 살펴보려고 한다. 논문이라고 해서 매우 전문적이고 복잡한 이야기는 없으니 안심해도 좋다. 2023년 9월 싱가포르 국립대학교(NUS)의 NExT연구센터에서 「NExT-GPT: Any-to-Any Multimodal LLM」라는 논문을 오픈 소스로 발표했는데, 그 내용 중에 대규모 언어모델에서 대규모 다중모드 모델(Large Multimodal Model)로의 생성형

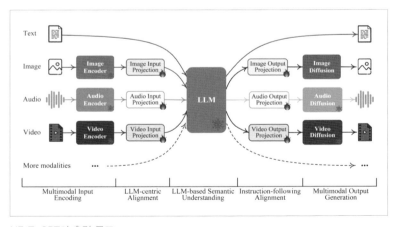

NExT-GPT의 출력 구조

출처: https://next-gpt.github.io/

지금은 AI 시대

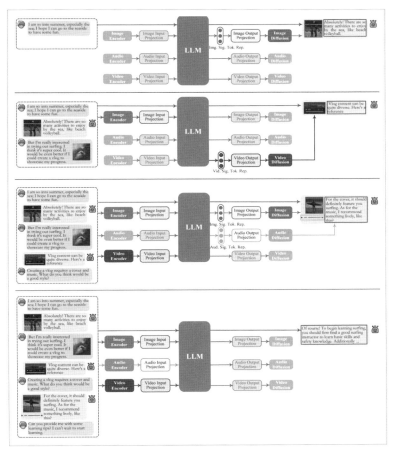

NExT-GPT의 입력-출력 체계.

출처: https://next-gpt.github.io/

AI 진화를 볼 수 있다.

이 그림에서 보는 것처럼 NExT-GPT는 텍스트, 이미지, 오디오, 비디오 등 다양한 형식의 콘텐츠를 입력으로 받은 후 이를 비디오,

오디오, 이미지 및 텍스트 등으로 다시 출력할 수 있다. 즉 텍스트 프롬프트를 입력하면 NExT-GPT가 해당 프롬프트를 비디오로 처리하거나 이미지를 제공해 오디오 출력으로 변환할 수 있다는 것이다.

마치 사람이 텍스트, 음성, 이미지를 같이 활용하며 대화하듯, 그리고 온라인으로 다양한 커뮤니케이션 툴들을 통해서 소통하는 것과 같은 방식이다. 이는 기존에 접했던 챗봇, 콜봇 등 AI 기술 기반의 봇들보다는 좀 더 인간에게 친숙한 형태로 차별화된 서비스를 제공해줄 수 있으며, 메타버스 연관 기술과 비슷한 시기에 등장한 '사람 같은(Human-like)' 과거의 아바타봇에서 퀀텀점프(Quantum jump)라고 부를 정도의 변화와 기능 확장성을 갖게 할 것이다.

1인 1에이전트 시대가 머지않았다. 사람들은 각자 나만의 비서봇을 가지게 될 것이다. 각각의 환경에서 나의 업무를 서포트해줄 수 있는 비서 혹은 인턴 직원을 AI 에이전트로 가지게 될 것이다.

AI는 그 영향력이 상상 이상이기에 핵보다 더 위험하다고 경고한다. AI 혁명, AI 전쟁, AI 식민주의 등 심장이 쫄깃하게 하는 단어를 심심찮게 듣고 있기도 하다. 이제 글로벌 AI 시장은 단순히 기업 간의 경쟁을 넘어 국가 간의 패권 경쟁이 되고 있다. 이러한 상황은 새로운 국제 패권 경쟁을 야기하며, 가속화된 경쟁 속에서 인공지능의 안정성과 윤리에 대한 논란을 촉발시켰다. 또한 생성형 AI에 대한 관심은 법적 분쟁과 함께 계속 늘어나고 있다.

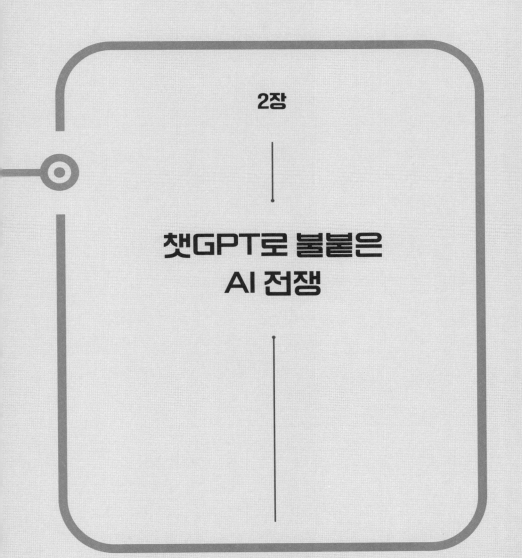

2장

챗GPT로 불붙은
AI 전쟁

국가 대항전이 된
초거대 AI

AI 시장 선점을 위한 글로벌 경쟁은
이제 개별 기업 차원을 넘어 국가 간 패권 경쟁으로 확대되었다.
글로벌 경쟁력이 있는 AI 기업 확보를 위해 각국 정부들은
전폭적인 지원을 아끼지 않으며, AI 리더십을 통해
새로운 패권 경쟁이 본격적으로 시작되었다.

우리는 초거대 AI와 생성형 AI, LLM(Large Language Model), 파운데이션 모델(Foundation Model) 등 다양한 용어로 챗GPT를 설명하고 있지만, 전체 맥락에서 보면 어떤 관점에서 무엇을 강조하고 싶은지에 따라 용어 선택이 다를 뿐이다. 특히 이 책의 논의를 전개하는 데 있어 그 세세한 기술적 차이를 이야기할 필요는 없을 것 같다. 다만 앞에서는 생성형 AI를 언급했으니 이제는 초거대 AI로 용어를 바꿔 이야기해볼까 한다.

초거대 AI는 과거 일반적으로 언급해온 AI 기술과 비교했을 때 대

량의 데이터와 그에 대한 처리 능력을 기반으로 좀 더 복잡하고 범용적인 작업들을 수행할 수 있는 일종의 진화된 AI 기술이라고 보면 이해가 쉽다. 데이터 규모, 학습 능력, 문제해결 능력 등을 고려했을 때 충분히 많은 데이터를 통해 다양한 분야의 복잡한 문제들을 해결할 수 있는 범용성을 갖춘 AI가 바로 초거대 AI다. 챗GPT를 비롯한 GPT 모델들이 대표적인 초거대 AI이며, 국내에도 네이버클라우드의 하이퍼클로바X, LG AI연구원의 엑사온, KT의 믿음 등이 이에 해당한다.

초거대 AI는 기존 AI 기술보다 진보한 기술로 좀 더 광범위하게 비즈니스에 활용될 수 있으며, 생산성 향상을 비롯한 다양한 부가가치를 창출할 수 있을 거란 부분은 이제 더 이상 설명이 필요 없을 정도이다. 그런데 왜 갑자기 초거대 AI에 국가 대항전이란 이름이 붙게 되었을까? 그 배경은 크게 3가지로 이야기할 수 있다.

‖ AI 주권으로 확대된 초거대 AI의 국가 대항전 ‖

첫째, 초거대 AI에 붙은 국가 대항전이란 타이틀은 초거대 AI에서 중요하게 다뤄지는 데이터와 데이터 주권과 관련된다. 여기서 데이터 주권이란 데이터가 수집된 국가의 법률 및 거버넌스 구조의 적용을 받는다는 개념으로, 우선 챗GPT 기술이 현재 가지고 있는 문

지금은 AI 시대

제점이라 말하고 있는 정보의 신뢰성, 편향성, 설명 가능성, 정확성 등이 모두 데이터와 연관된 문제라고 할 수 있다. 개인이나 기업 모두 외국 기업의 AI 기술과 서비스를 활용하는 데 있어서 우리가 기대하는 그런 성능과 효과를 내기 위해서는 우리의 데이터에 대한 추가 학습이 반드시 필요하다. 그렇기 때문에 대한민국 국민, 정부, 기업의 데이터가 글로벌 빅테크의 초거대 AI의 학습데이터로 유출될 수도 있다는 우려는 당연히 있을 수 있으며, 여기에는 국가 전략이나 국가안보, 국가경쟁력 등과 관련된 민감한 데이터들이 포함될 수 있다. 과거의 석유나 전기처럼 앞으로는 데이터가 기업을 비롯한 국가 경쟁력이 될 것이라는 흐름을 봤을 때 데이터 주권에 대한 문제는 일리가 있는 지적이다.

둘째, 본격적으로 초거대 AI를 대규모로 활용할 경우 그 영향력은 기존 AI 기술과는 비교할 수 없을 정도로 광범위할 수 있기 때문에 이는 국가안보와도 연결된 문제로도 볼 수 있다. 초거대 AI는 그 모델의 크기와 성능 측면에서 범용적으로 활용이 가능한 기술이라고 말한다. 과거 핵을 보유하는 것과 마찬가지로 단 한 번의 어떤 사건으로 해당 초거대 AI에 연결된 모든 서비스가 영향을 받을 수 있으며, 국가 중요 정보들이 해외로 유출되거나 국가 중요 시스템이 마비될 수도 있다. 어떤 경우 특정 편향적인 정보로 국가적 손해를 볼 수도 있다.

셋째, 초거대 AI의 '초거대'란 단어에서도 풍기듯 기술의 특성상 글로벌 빅테크나 엄청난 규모의 투자를 받은 회사만이 그 자본력으로 유지하고 운영할 수 있다. 따라서 소수의 기업이 독점적으로 보유할 수 있다는 것이 현재의 현실이다. 그 결과 당연히 경쟁 세력이 없는 독과점 문제가 발생할 우려가 있다.

이와 같은 이유들로 초거대 AI를 국가 대항전으로 표현하며, 초거대 AI를 특정 글로벌 빅테크가 아닌 국가별 자체 구축해야 한다는 필요성이 제기되며, 이를 통해 데이터 주권을 지켜야 한다는 목소리가 높다. 최근에는 이러한 현상을 소버린 AI(Sovereign AI: 주권 AI)라는 용어로 표현하기도 하다.

이와 관련해 국제적으로도 다양한 움직임들이 있다. 예를 들어 G7 국가들(캐나다, 프랑스, 독일, 이탈리아, 일본, 영국, 미국)의 경우 AI 기술의 위험과 잠재적 오용 가능성을 완화하기 위해 기업에 대한 국제 행동 강령을 내놓았다. 국제연합(UN)도 AI의 국제적인 거버넌스 문제를 해결하기 위해 전 세계 전문가 및 정부 관료, 학자 등 39명으로 구성된 자문 기구를 출범했다.

이와 같이 AI 규범에 대한 주도권 경쟁 역시 치열한 상황이며, AI 안정성 정상회의(AI Safety Summit)에서 채택된 「블레츨리 선언(Bletchley Declaration)」 역시 고도의 능력을 갖춘 프런티어 AI에 의한 위험 가능성을 대비하기 위해 인간 중심적이고 신뢰할 수 있는 AI를 위한 국가 간 협력을 강조하고 있다.

지금은 AI 시대

‖ 주요 국가들의 초거대 AI 대응 ‖

초거대 AI와 관련한 국제사회의 다양한 움직임 중에서도 미국과 영국의 사례를 살펴보도록 하자.

2023년 10월 30일 조 바이든 미국 대통령은 인공지능 기술의 잘못된 활용에 대한 위험성을 차단하기 위한 행정명령에 서명했다. AI 기술에 대한 국가적 관리를 선언하며 미국 정부가 AI와 관련한 규제 장치를 마련한 것은 처음으로, 이는 사실상 모든 AI 서비스에 대해 출시 전부터 정부가 개입하고 관리감독을 하겠다는 것이다. 특히 국가안보, 경제 등 국가 차원에서 중요한 분야의 AI 모델을 개발하는 기업은 시작 단계에서부터 정부에 통보하고 정부가 구성한 검증 전문가팀인 '레드팀'의 안전테스트 결과를 정부에 보고해야 한다는 내용을 담고 있다.

예를 들면, 광범위한 데이터로 학습하고, 국가안보, 경제, 공중 보건 또는 안전에 위험을 초래할 수 있는 수십억 개의 파라미터를 가진 모델들을 보유한 AI 개발자나 기업은 새로운 초거대 AI 모델을 공개하거나 해당 모델 버전을 업데이트할 때 데이터의 안정성, 트레이닝 정보, 그리고 관련 보고서 전부를 미국 정부와 공유하도록 의무화된다는 것이다. 이 행정명령은 8개의 영역을 커버하게 되는데 국가안보, 개인 프라이버시, 공정성 및 시민권(국가를 구성하는 시민들이 국가와의 관계에서 헌법에 의해 보장받고 있는 여러 기본적인 권리들), 소비자 보호,

노동 문제, AI 혁신, 미국 경쟁력, AI 정책에 대한 국제 협력, 연방 정부 내 AI 기술 및 전문성 등의 영역이 포함된다. 유럽에 비해 상대적으로 관대했던 미국이 AI 규제를 국가 차원에서 광범위하게 관리하겠다고 선언하면서 전 세계에서 가장 강력한 지침을 제시하고 있는데, 이는 글로벌 패권 경쟁에서 미국이 우위에 있다는 것을 간접적으로 과시한 것은 아닐까 싶다.

이 행정명령 이전에도 이미 미국 국립표준기술연구소(NIST)가 18개월간 연구해 AI 시스템을 설계 및 개발, 도입하는 조직을 위한 자발적인 활용 가이드 문서로 2023년 1월 〈AI 위험관리 프레임워크 1.0〉을 발표하기도 했다. 흥미로운 점은 일반적인 위험관리 프로세스는 부정적인 영향을 다루지만 이 가이드라인은 부정적인 영향을 최소화하고 긍정적인 영향을 극대화할 수 있는 접근 방식을 제공하고자 한다는 취지를 강조하고 있다는 것이다. 이 가이드라인이 과연 초거대 AI 산업에 규제가 될 것인지, 산업을 더욱 활성화할지는 아직은 알 수 없다.

영국의 초거대 AI에 대한 대응 역시 흥미롭다. 2023년 3월 영국 정부는 국가 차원의 새로운 AI 리서치 기관 설립을 통해서 AI 전략 중 하나로 최첨단 슈퍼컴퓨터 개발을 통해 영국 자체의 GPT AI 모델인 브릿GPT를 만들 것이며, 이에 인공 지능 전략의 일환으로 최첨단 슈퍼컴퓨팅 인프라에만 9억 파운드를 비롯해 총 10억 파운드를 투자할 것이라 발표했다. 이 슈퍼컴퓨팅 인프라에 해당하는 엑사

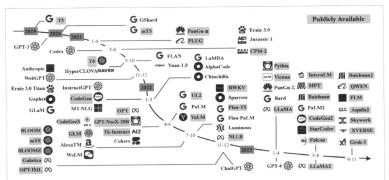

Fig. 3: A timeline of existing large language models (having a size larger than 10B) in recent years. The timeline was established mainly according to the release date (*e.g.*, the submission date to arXiv) of the technical paper for a model. If there was not a corresponding paper, we set the date of a model as the earliest time of its public release or announcement. We mark the LLMs with publicly available model checkpoints in yellow color. Due to the space limit of the figure, we only include the LLMs with publicly reported evaluation results.

초거대 언어 모델 조사(A Survey of Large Language Models) 논문의 초거대 언어 모델의 타임라인을 보면 2019년 구글 T5를 시작으로 지난 4년간 치열한 글로벌 초거대 언어 모델 경쟁이 벌어졌음을 확인할 수 있다.

출처: A Survey of Large Language Models HYPERLINK "https://arxiv.org/abs/2303.18223"
https://arxiv.org/abs/2303.18223 논문

스케일 컴퓨터는 영국 최대 컴퓨터보다 몇 배 더 강력하며, 복잡한 AI 모델을 훈련하는 데 사용할 수 있을 뿐만 아니라 일기 예보 및 기후 예측 모델링을 포함한 과학, 산업 및 국방 전반에 걸쳐 다양한 용도로 사용해 이를 통해 AI 분야의 잠재력을 극대화하겠다는 계획이다. 참고로 여기에서 엑사스케일 컴퓨터는 초당 10억 개가 넘는 엑사플롭스(Exaflops) 연산이 가능한 슈퍼컴퓨터의 한 유형이다.

이를 위해 영국 정부는 영국의 소버린 역량을 더욱 발전시키기 위한 태스크포스(TF)를 설립할 예정이다. 영국의 이러한 방향성은 대규모 투자를 통해 자체 AI 기술을 확보하지 않으면 향후 미래 영국

이 국제무대에서 경쟁이 불가능할 것이라는 판단을 한 데 따른 것으로 보인다. 또한 AI 시스템이 우리 사회와 경제의 모든 측면에서 기반이 될 기술임을 분명하게 인식했기 때문이다. 따라서 이를 국외 시스템에 전적으로 의존하게 된다면 국가안보와 경제 경쟁력에 큰 위협이 될 것이라는 판단을 한 듯하다.

‖ 대한민국의 초거대 AI 방향 ‖

우리나라는 글로벌 초거대 AI 모델 발표 순서로 보면 글로벌 순위에서도 꽤 경쟁력이 있는 편이다. 네이버의 하이퍼클로바X가 2021년 5월 2,040억 개 파라미터로, 1,000억 이상 크기 모델 기준으로는 세계에서 세 번째로 공개되었다.

2023년 4월, 정부는 3,901억 원을 투입해 초거대 AI의 경쟁력 강화에 나선다고 발표했다. 과학기술정보통신부는 디지털플랫폼정부 실현계획 보고회에서 〈초거대 AI 경쟁력 강화 방안〉을 통해 핵심 추진 전략으로 3대 과제를 언급했다. 첫째, 초거대 AI 개발과 고도화를 위한 핵심 인프라를 확충하고, 둘째, 민간·공공 초거대 AI 혁신 생태계를 조성하며, 셋째, 범국가적인 AI 혁신 제도 및 문화를 정착시키겠다는 것이다.

초거대 AI 개발을 위한 핵심 인프라 확충을 위해서 대규모 양질의 텍스트 데이터 수집이 필요한데, 이는 한국어 중심 텍스트를 확보하되 동남아·중동 등 비영어권 데이터도 대거 확보하겠다는 전략이며, 수집되는 데이터 양은 2027년까지 200종(책 15만 권 분량)을 구축하는 것이 목표이다. 또한 2026년까지 딥러닝 기술 개발에 2,655억 원을 투입해 할루시네이션 등 초거대 AI 이슈 사항들을 개선할 수 있는 기술을 개발한다는 계획을 가지고 있다. 물론 여기에는 초거대 AI 컴퓨팅 인프라 기술 개발 및 대용량 컴퓨팅 자원에 대한 제공도 포함된다.

또한 민간·공공 초거대 AI 혁신 생태계 조성과 관련해서는 법률, 의료, 심리상담, 문화예술, 학술연구 등 민간 5대 전문 영역에 초거대 AI를 접목해 응용서비스 선점 기반을 조성할 플래그십 프로젝트를 추진하고, 개인정보, 지식재산권 등 제도 역시 초거대 AI 시대에 적합하게 개선할 계획이다. 관련해서는 2024년 정보통신산업진흥원(NIPA)에서 관련 입찰제안요청서(RFP)가 나온 상태이다.

그 외에 대한민국 정부는 2023년 9월 국가 차원의 디지털 권리장전을 공개했는데, AI 중심의 규범을 넘어서 디지털 전반의 이슈를 다뤘다는 점에서 주로 AI 중심의 논의가 진행된 글로벌 국가들과는 차이가 있다. 우리나라의 디지털 권리장전의 경우 리터러시(문해력) 향상, 디지털 격차 해소 등 디지털 전반의 이슈를 포괄적으로 다루며, 윤리나 규범에 대한 부분 외에도 국제 연대나 협력 등 디지털 분야에서의 리더십과 경쟁력을 확보하는 것과 인류 후생 증진에 대한 부분까지도 담고 있다.

그리고 우리나라는 2024년 5월 인공지능 안정성 정상회의(AI Safety Summit)를 영국과 공동으로 개최하기로 합의했는데, 이때 2023년 11월 진행된 AI 안정성 정상회의의 선언문에 대한 후속 조치가 논의될 예정이다. 이 정상회의는 AI 기술 분야에서 대학민국이 세계적 리더임을 보여줄 수 있는 좋은 기회가 될 전망이다.

여기서 인공지능 안정성 정상회의를 좀 더 설명하자면, 2023년 11월 영국에서 진행된 국제정상회의로 AI 악용 사례가 전 세계적으로 증가함에 따라 이를 해결하기 위해 세계 공통의 AI 규범 논의를 위해 개최되었다. 우리나라를 비롯해 총 28개국 AI 관련 장관급 인사, 글로벌 빅테크 기업, 대학교, 연구소를 포함한 인사 150여 명이 참석했다. AI 윤리와 안전에 대해 논의하는 자리는 이번이 처음이었으며, 이 행사에서 28개국은 크게 9개 항으로 이뤄진 '장관회의 공동선언문'을 발표했다. 브레즐리에서 발표되었기 때문에 일명 'AI 블레즐리(Bletchley) 선언'으로도 불린다.

초거대 AI 국가 대항전 관점에서 보면 이 AI 정상회의에서도 미묘한 국가 간의 신경전을 엿볼 수 있다. AI 안전에 대한 영국의 글로벌 리더십 주장이 무색하게 미국은 AI 안전 연구소 설립을 포함한 AI 안전에 대한 광폭 행보를 조 바이든 대통령의 행정명령 후속으로 발표했으며, 이에 대해서 영국은 이를 대수롭지 않게 인터뷰에서 표현하는 것을 볼 수 있다.

Rank	Top 15 Countries by their AI Capacity
1	USA
2	China
3	Singapore
4	United Kingdom
5	Canada
6	South Korea
7	Israel
8	Germany
9	Switzerland
10	Finland
11	Netherlands
12	Japan
13	France
14	India
15	Australia

Asian Countries Rank in Global AI Index

	Overall Rank	Talent	Infrastructure	Operating Environment	Research	Development	Government Strategy	Commercial
China	2	20	2	3	2	2	3	2
Singapore	3	4	3	22	3	5	16	4
South Korea	6	12	7	11	12	3	6	18
Israel	7	7	28	23	11	7	47	3
Japan	12	11	5	10	20	6	18	23
India	14	2	59	12	30	21	38	13
Taiwan	26	30	9	52	26	12	42	33
UAE	28	48	4	42	34	39	24	29
Russia	30	28	19	33	39	24	7	52
Saudi Arabia	31	53	20	18	37	41	1	26
Hong Kong	32	52	10	35	40	50	51	6
Turkey	39	29	52	7	41	52	27	49
Qatar	42	62	25	47	17	48	46	55
Malaysia	44	40	17	49	42	44	43	45
Indonesia	44	23	57	37	48	55	40	44
Vietnam	47	36	38	57	54	32	32	51
Armenia	54	35	50	51	59	35	61	46
Bahrain	58	61	39	43	58	60	61	36
Pakistan	59	33	61	61	49	57	55	58
Sri Lanka	60	56	58	60	62	62	58	54

글로벌 AI 역량 평가. 한국은 2021년 8위, 2022년 7위에 이어 2023년 6위로 꾸준히 순위가 상승하고 있다. 다만 상대적으로 경쟁력이 저조한 인재 분야, 상업화 분야의 경쟁력을 강화할 필요가 있다.

출처: 토터스 글로벌 AI 지수, Tortoise Global AI Index 2023.06

　　AI 시장 선점을 위한 글로벌 경쟁은 이제 개별 기업 차원을 넘어서 국가 간 패권 경쟁으로 변화하고 있다. 각국 정부는 글로벌 경쟁력이 있는 AI 기업 확보를 위해 전폭적인 지원을 아끼지 않고 있고, 자국의 빅테크 기업 지키기에 총력전을 하고 있다.

　　한편 2023년 6월 토터스(Tortoise) 글로벌 AI 지수를 살펴보면 AI 역량 국가 순위에서 대한민국은 6위에 랭킹되어 있다. 이 지수는 28개의 다양한 공공 및 민간 데이터와 62개의 정부에서 수집한 11한 개의 지표를 사용하는데 인재, 인프라, 운영 환경, 연구, 개발, 정부 전략 및 커머스 등을 포함한다.

AI 기술의 숨 가쁜 속도전이 시작되었다

『종의 기원』에서 찰스 다윈이 남긴 명언이 생각난다.
"가장 강한 자나 가장 영리한 자가 살아남는 것이 아니라
변화에 가장 잘 적응하는 자가 살아남는다."
챗GPT 신드롬이 온 2023년부터 AI 기술의 발달 속도와
업계 변화는 AI 시대에 걸맞게 숨 가쁘게 흘러갔다.
우리는 모두 악착같이 그 변화를 좇고 있다.

AI라는 용어가 처음 등장하며 개념이 정립된 시점을 보통 1956
년이라고 한다. 그럼 대중이 AI를 인지하기 시작한 것은 언제부터
일까? 사람마다 차이가 있을 수 있겠으나, 대체로 대중이 AI를 인식
한 첫 경험은 1997년 IBM 체스 컴퓨터 딥 블루(Deep Blue)가 당시 세
계 챔피언인 가리 카스파로프(Garry Kasparov)를 이긴 사건을 들 수 있
지 않을까? 이어 2011년 제퍼디(Jeopardy!)쇼에서 인간 대 컴퓨터의
퀴즈 대결에서 IBM 슈퍼컴 왓슨이 우승을 한 사건, 그리고 2016년
에 구글 딥마인드 알파고가 이세돌 9단과의 바둑 대국에서 우승했

던 사건 들을 통해 대중은 그 낯설고 두려운 존재(?) AI를 차츰 인식하게 되었다. 이들 사건 이후 AI 기술로 세상은 어떻게 변화하고, 산업들은 어떤 영향을 받을까 하는 이야기가 세상을 떠돌았고, 지금은 그 변화를 일상에서 체험하고 있다.

어쨌거나 과거의 AI 관련 사건들은 한 번 반짝하고선 이내 대중의 관심에서 사라지곤 했다. 그런데 2022년 11월 말 챗GPT 등장 이후 AI 관련 이슈는 유튜브, 틱톡, 페이스북, 인스타그램, X 등을 통해서 대중에게 놀라운 속도로 확산되었다. 그것은 이전처럼 단순 흥미로운 기사거리로 그치지 않았다. 이전과 달리 AI가 이제 우리 일상으로 파고들었기 때문이다.

‖ AI와 인간의 공존을 위한 안전한 AI ‖

생성형 AI와 관련된 2023년 주요 뉴스들의 타임라인을 큰 고민 없이 생각나는 것만 나열해도 과거 몇십 년 AI 역사와 비교했을 때 2023년이 얼마나 다이내믹한 해였는지 바로 이해할 수 있다. 다음 페이지의 타임라인은 오픈AI를 중심으로 2023년 전 세계 AI를 리딩하는 글로벌 빅테크 기업들의 새로운 AI 모델과 비즈니스 모델에 대한 발표와 주요 사건만 정리한 것으로, 이 외에도 학계의 수많은 논문, 서비스, 뉴스 등이 넘쳐났다.

2018. 02 GPT-1 발표 (117M parameters)	2019. 02 GPT-2 발표 (1.5B parameters)	2020. 06 GPT-3 발표 (175B parameters)	2022. 11 ChatGPT 발표

오픈AI 주요 모델 출시 일정을 보면 GPT-3까지는 매년 새로운 모델이 출시되었고, ChatGPT가 발표될 때까진 2년이 넘게 걸렸다. 그러나 2023년과 2024년은 엄청난 혁신적 결과들이 눈코 뜰 새 없이 쏟아지고 있다.

출처: OpenAI, 각 사 뉴스

한편에서는 생성형 AI에 대한 우려와 비판의 목소리도 나왔다. 특히 2023년 3월에는 일론 머스크를 비롯한 애플의 공동 창업자 스티브 워즈니악, 2020년 미 대선 후보 앤드루 양 등이 오픈AI가 원래의 목적을 벗어났다고 비판하면서 한 공개서한에 서명하며 인간 수준의 지능과 경쟁할 수 있는 GPT-4보다 더 강력한 AI 모델의 개발을 6개월간 중단할 것을 요구했다. AI가 너무 빠르고 예측 불가능하게 발전해 수많은 일자리를 없애고, 허위 정보를 범람시키며, 공황 상태로 인류를 파괴할 수 있다는 것이 그 이유였다.

그런데 아이러니한 점은 해당 공개서한 서명으로 인해 AI 개발이 중단되거나 개발 속도가 느려진 것이 아니라 오히려 기업들은 그 6개월 동안 더 빠르게 AI 시스템을 구축하려고 했다는 것이다. 결정적으로 그 공개서한의 가장 첫 머리에 서명을 한 일론 머스크가 자신의 주장을 번복하는 데는 그리 오랜 시간이 걸리지 않았다. 2023년 7월 오픈AI, 구글, 마이크로소프트와 경쟁할 새로운 회사인 xAI를 발표했으니 말이다. 또한 공개서한에 서명한 많은 구글 직원들조

지금은 AI 시대

2023.02.06	구글 바드(Bard) 발표
2023.02.07	마이크로소프트 빙(Bing) w/챗GPT 발표
2023.02.09	챗GPT Plus 구독서비스 발표
2023.02.24	메타 라마(LLaMA) 발표
2023.03.14	GPT-4 발표(1.76T parameters 추정)
2023.03.14	앤스로픽 클로드(Claude) 발표
2023.03.15	오픈AI GPT-4 변호사시험 합격
2023.03.16	마이크로소프트 코파일럿(Copilot) 소개
2023.03.21	구글 바드 일반 사용자 공개
2023.03.23	오픈AI 챗GPT Plugin 지원
2023.03.29	Open Letter 서명(AI 시스템 개발 6개월 중단)
2023.03.31	이탈리아 챗GPT 금지(4/28해제)
2023.05.10	구글 팜2(PaLM-2) 발표
2023.05.18	오픈AI챗GPT iOS 앱 발표
2023.07.11	앤스로픽 클로드2(Claude2) 발표
2023.07.11	메타 라마2(LLaMA2) 발표
2023.07.21	미국 7개 빅테크 기업 백악관 소환(AI가 만든 콘텐츠에 워터마크 추가 합의)
2023.07.26	마이크로소프트, 구글, 오픈AI, 앤스로픽 프론티어 모델 포럼 (Frontier Model Forum) 출범
2023.09.25	오픈AI GPT-4 비전 발표
2023.10.30	미국 AI 행정명령 발표
2023.11.01	AI 안정성 정상회의 2023
2023.11.06	오픈AI 데브데이(DevDay)에서 GPT-4 터보 및 맞춤형 챗봇 서비스 GPTs 발표

2023.11.09	마이크로소프트 보안 이슈로 챗GPT 금지
2023.11.17	오픈AI 샘 올트먼 CEO 해고
2023.11.21	오픈AI 샘 올트먼 CEO 복귀
2023.12.06	구글 딥마인드 제미나이(Gemini) 발표
2024.01.17	오픈AI GPT 스토어 발표

출처: 각 사 뉴스

차도 오픈AI의 GPT-4V에 필적하는 제미나이(Gemini)라는 AI 모델 출시를 준비했다.

2023년 상반기의 AI 모델 출시 주기를 보면 과연 가능할까 싶을 정도로 글로벌 빅테크들의 경쟁이 어마어마했다. 2023년 11월 단 한 달 동안의 타임라인 속 사건들만 봐도 생성형 AI를 비롯한 AI 산업이 어떻게 흘러갈지 쉽게 예상할 수 없을 정도이다.

2023년 11월 1일 세계 공통의 AI 규범에 대한 논의를 위한 국제 정상회의인 AI 안전정상회의 2023(AI Safety Summit 2023)이 열렸고, 2023년 11월 6일 오픈AI가 데브데이(DevDay: 개발자회의)에서 GPT-4 터보(GPT-4 Turbo) 및 맞춤형 챗봇 서비스를 제공하는 GPTs를 발표했다. GPT-4 터보에는 단순히 AI 기술뿐만 아니라 사업화를 위한 장점이 많이 포함되었다. GPT-4에 비해 입력 토큰은 3배, 출력 토큰은 2배 더 비용이 저렴해졌고, 2023년 4월까지 학습된 모델로 시드(Seed) 매개변수가 추가되고, 함수 호출(Function Call) 시 단일 메시지로 여러 함수를 호출할 수 있어 정확도 역시 개선된 모델이다.

생성형 AI 생태계 측면에서도 오픈AI만의 강력한 자체 생태계를 구축했다. GPT-4V, 달리3(DALL·E3), TTS, 위스퍼(Whisper) V3 등 이미지, 텍스트 음성변환, 음성인식 등 API가 추가되었다. 가장 놀라운 변화는 GPTs로 맞춤형 챗GPT를 각자 만들 수 있게 되었다는 점이다. GPTs 빌더를 통해서 코딩 없이 자연어만으로도 자신만의 GPTs를 구축할 수 있는 마치 모바일 앱스토어 같은 GPTs 스토어를 출시했다. 지금껏 많이 언급되었던 저작권 침해 관련 법적 소송에 대해서도 저작권 방패(Copyright Shield)를 통해 오픈AI가 직접 고객을 보호하고 발생한 비용을 지불하겠다는 내용을 발표했다. 이렇듯 이 지구상에 AI에 한해서는 오픈AI 천하가 될 것 같은 막강한 성능과 기능의 발표 직후 'AI 스타트업의 멸망의 날이 다가온다'고 할 정도로 앞으로의 AI스타트업들을 비롯한 AI 기반의 빅테크 기업들의 전략은 매우 중요해졌다.

웬만한 넷플릭스 콘텐츠보다도 흥미진진한 뉴스들이 계속 쏟아져 나온다. 오픈AI에 가장 큰 투자를 하고 있는 마이크로소프트에서 내부에서의 챗GPT 사용이 보안의 이유로 오픈AI의 GPT-4 터보 발표 이틀 후 금지되었다. 그로부터 약 2주 뒤 오픈AI의 CEO 샘 올트먼은 갑작스럽게 이사회의 결정으로 해고를 당한다. 그리고 며칠 뒤 다시 오픈AI에 복귀한다. 생성형 AI 시대는 이렇게 매일 새로운 뉴스를 쏟아내며 전 세계의 관심을 AI에 집중시키고 있다.

다시 돌아온 봇의 끝판왕,
AI 에이전트 시대

챗봇은 AI 서비스 중 사람에게 가장 친근한 UI와 UX를 가진
AI 기술로, 꾸준히 관련 스타트업들이 등장하며 기술이 발전했다.
그리고 롤(역할) 플레잉을 탁월하게 잘하는 챗GPT의 등장으로
좀 더 고도화된 챗봇 성능에 대한 기대감도 커지며
AI 에이전트 시대를 세상에 알렸다.

돌아온 봇의 시대 이야기를 시작하기 전에, 우선 가트너(Gartner)가 매년 분야별로 공개하는 하이프 사이클(Hype Cycle)이란 그래프 속 챗봇 이야기부터 시작해보려고 한다.

가트너의 하이프 사이클은 기술의 성숙도를 표현하는 시각적 그래프로, 어떤 기술에 대한 성장주기를 설명할 때 많이 인용하곤 한다. 매년 공개하기 때문에 그래프를 해석할 때 해당 연도를 기준으로 Y축은 기술에 대한 기대치를, X축은 실제적인 기술의 성숙도를 표현한 것으로, 이를 통해 사업화에 적합한지 해석할 수 있다.

‖ 가트너의 하이프 사이클로 살펴본 챗봇 ‖

챗봇이 기술적으로, 사업적으로 유행하던 때가 아마도 2018년, 2019년 정도일 것이다. 2019년도 가트너의 인공지능에 대한 하이프 사이클을 보면 Y축의 가장 최상단에 있는 기술이 바로 챗봇이다. 즉 인공지능 기술의 대표주자가 챗봇이었으며, 챗봇 기술의 미래를

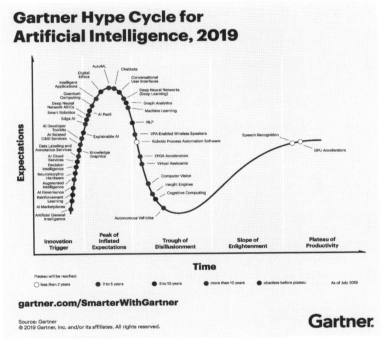

시장조사기관 가트너의 '인공지능 하이프 사이클'. 과거 2019년에도 챗봇에 대한 기대치가 매우 높았음을 확인할 수 있다. 생성형 AI 등장으로 인해 챗봇은 과도한 기대치를 넘어 실제 비즈니스 성과로 이어질 가능성이 높아졌다.

출처: Gartner의 Hype Cycle for AI, 2019

핑크빛으로 그려내며 열광하던 시기라 생각하면 된다. 다만 X축을 보면 실제적으로 챗봇은 사업화하기에는 기술의 성숙도가 높지 않은 수준, 즉 기대치는 엄청나게 높으면서 뭔가 기술에 대해 부풀려지고 과장된 시기라고 볼 수 있다.

실제적으로 당시 국내, 해외 할 것 없이 챗봇 기술이 대대적으로 유행했고, 국내 공공사업으로도 챗봇이 꽤 많이 나왔다. 생각해 보면 쇼핑몰 앱이며, 공공 대국민서비스며 챗봇이 여기저기 많이 적용되었지만 묻는 질문들에 만족스러운 답변을 얻지 못해서 결국은 상담사 연결을 했어야 했던 기억이 있을 것이다. 또는 사용하는 과정에서 역시나 제대로 된 답변을 못해서 인내심의 한계를 느끼고 다시는 활용하지 않게 된 기억도 있을 것이다.

그럼에도 불구하고 챗봇은 AI 서비스 중 가장 사람에게 친근한 UI와 UX를 가진 AI 기술이었고, 대고객 서비스에 적합한 기술이었기 때문에 꾸준히 챗봇 비즈니스를 하는 많은 AI 스타트업들이 등장하고 기술이 발전했다.

다만 일상 대화 챗봇이든, 특정 전문 분야 챗봇이든 질문을 할 때 정확한 용어를 사용하지 않거나 혹은 질문이 복잡해지면 사실상 질문의 인식 및 해석부터 제대로 된 성능을 내지 못했고, 챗봇에 대한 활용 범위는 계속적으로 확장되었지만 사용자 입장에서는 충분히 자연스러운 대화를 한다고 느끼기는 어려웠다.

‖ 다시 돌아온 봇의 끝판왕 ‖

그런데 2022년 11월 말 초거대 AI, 생성형 AI 기술을 활용한 챗 GPT는 기존에 우리가 만났던 챗봇과는 차원이 다른 경험을 안겨 주었다. 일단 거짓말(할루시네이션이라고 많이 표현함)은 할지언정 어떻게든 질문을 해석해서 거침없이 답변을 해냈고, 답변 역시 약속된 듯한 정형화된 짧은 문장이 아니라 유창하게 한 문장에서 몇 페이지 분량의 답변까지 구어체 혹은 문어체로 술술 풀어냈다. 사람과 대화하는 듯한 착각이 들 정도의 충분히 만족스러운 대화가 가능할 것이라 기대하게 했다.

실제 챗봇의 끝판왕이 돌아왔다는 것을 증명이라도 하듯 2022년 9월부터 2023년 8월까지 상위 50개 AI 도구 중 가장 많은 트래픽을 발생시킨 AI 도구를 살펴보면 바로 AI 챗봇임을 알 수 있다.

특히 챗GPT가 탁월하게 잘하는 것은 역할(Role), 업무(Task), 형식 (Format)에 맞춰서 질의응답을 하는 것이다. 예를 들어, "7세 어린이에게 유치원 선생님(역할)이 설명하듯이 양자컴퓨팅(업무)에 대해서 리스트 형태(형식)로 설명해주세요"와 같이 질문하면 그 요청 사항에 맞는 답변을 해준다. 때문에 우리가 지금까지 원했던 형태의 챗봇이 드디어 가능해진 것이다. 아무리 좋은 서비스라도 접근성이 좋지 않거나 사용 방법이 어렵다면 확산에 한계를 가질 수밖에 없다. 챗 GPT는 일반 대중들도 쉽게 찾아서 사용해볼 수 있는 웹 페이지 형

챗GPT 출시 이후 1년 간 생성AI 방문자 수 통계 분석. 챗GPT의 압도적 인기와 오픈 소스 생태계의 약진이 눈에 띄며, 캐릭터닷AI가 기대보다 훨씬 좋은 성과를 보인 것이 인상적이다. 반대로 구글의 바드(Bard. 현재의 제미나이)의 저조한 사용이라는 결과는 AI 시대에도 선점이 크게 유효함을 보여준다.

출처: Writerbuddy AI https://writerbuddy.ai/blog/ai-industry-analysis

태와 흔히 우리가 챗팅창에서 대화하듯 자연어 형태로 질문할 수 있도록 사용자 인터페이스(UI)와 사용자 경험(UX)를 제공함으로써 그런 우려를 종식시켰다. 그 결과 전 세계가 챗GPT에 열광하는 데에는 그리 긴 시간이 걸리지 않았다.

챗GPT는 개인별 맞춤형 AI 비서를 가지는 시대가 머지않았다는 생각을 충분히 가능하게 했다. 2023년 7월 AI 석학 앤드루 응(스탠퍼드 대학 교수)이 방한했을 당시에도 모두가 인공지능 비서를 쓰는 시대가 곧 올 것이라고 언급했고, 2023년 11월 빌 게이츠 역시 모두를 위한 개인 비서 시대가 5년 내에 올 것이며 AI 에이전트는 윈도우즈 이후 가장 큰 컴퓨팅 혁명이 될 것이라 언급했다.

‖ 캐릭터닷AI로 예상해보는 AI 에이전트 시대 ‖

AI 에이전트 시대를 앞두고 챗봇을 매우 흥미롭고 재미있게 풀어낸 AI 스타트업이 있는데 바로 버추얼 챗봇 서비스인 캐릭터닷AI(Character.AI)이다. 역사 속 실존 인물부터 가상의 게임 캐릭터까지 다양한 캐릭터들과 함께 자유로운 대화가 가능하며, 동시에 자신만의 챗봇을 만들 수 있고, 다양한 태스크(Task)에 맞춰 대화가 가능하다.

캐릭터닷AI는 미국 내에서 챗GPT 인기에 버금가는 스타트업으로 평가받고 있는데, 이 회사에 따르면 2023년 8월 기준 플랫폼 사용자가 하루 평균 2시간을 챗봇과 대화하는 데 사용하며, 월간 활성 사용자 수(MAU)는 2023년 9월 기준 420만 명 정도라고 한다. 그리고 흥미로운 사실은 전체 웹사이트 트래픽의 약 60%가 18~24세 MZ 세대에서 인기를 끌고 있다고 한다. 이는 다양한 역할과 톤을

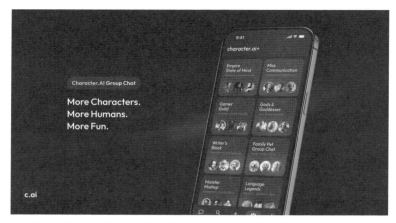

전 세계 생성형 AI 사용자 2위에 빛나는 캐릭터닷AI는 평균 체류 시간 2시간 이상으로 생성형 AI 응용서비스의 가능성을 보여주고 있다.

출처: 캐릭터닷AI 블로그 https://blog.character.ai

선택할 수 있는 캐릭터닷AI의 챗봇이 오픈AI의 챗GPT나 구글 바드 등 다른 챗봇과 비교했을 때 젊은 세대에게 훨씬 더 매력적인 서비스로 평가된다는 것이다.

캐릭터닷AI는 2023년 10월 캐릭터 그룹 챗팅 기능을 출시했다. 한 번에 최대 5명의 AI 캐릭터와 5명의 사람이 함께 그룹 채팅을 할 수 있다. 정말 아인슈타인, 스티븐 호킹, 소크라테스, 데카르트 등과 함께 모인다면 어떠한 재미있는 대화를 할 수 있을까? 젊은 세대에게 인기 있다는 말이 이해가 되는 순간이다.

이 스타트업은 구글 브레인(Brain)에서 LLM(대형 언어 모델)을 연구했던 직원 출신이 설립했으며, 최초 서비스는 2022년 9월에 출시되어, 2023년 초 1억 4,000만 달러 펀딩 라운드에서 10억 달러의 가치

지금은 AI 시대

를 인정받았다. 2023년 11월 구글의 모회사인 알파벳에서 수억 달러 투자에 대해 논의 중이라는 소식을 전했다. 이 회사의 이러한 가치 평가는 구글, 마이크로소프트 등 빅테크 간의 봇 전쟁이 2024년도에는 치열하게 진행될 것임을 암시하는 것이기도 하다.

빅테크의 AI 에이전트 전쟁,
2라운드가 시작되었다

오픈AI의 챗GPT 출시 후 가장 긴박했던 순간은
오픈AI CEO 샘 올트먼의 해고 및 복귀 사건이었다.
이 사건 발생의 가장 유력한 이유 중 하나가
바로 인간과 유사한 수준의 지능을 가진 AGI(일반인공지능) 개발에 대한
안정성 및 윤리 논쟁에 대한 부분이었다.

　2022년 11월 말 챗GPT 출시 후 오픈AI의 행보는 기존의 대부분의 빅테크가 몇 년 동안 만들 법한 기술과 서비스를 1년 만에 보여줄 정도로 IT와 AI 업계 사람들을 혼란스럽고 긴장하게 만들었다. 그리고 2023년 11월 한 달 동안 일어난 일들(83쪽 참고)은 지금껏 경험한 속도보다 훨씬 더 빠른 속도로 앞으로 우리에게 새로운 변화들이 다가올 것임을 예고한 듯한 시간이었고, 2023년 11월에 있었던 뉴스들의 중심에 AGI(Artificial General Intelligence: 일반인공지능)가 있었다.

AGI를 설명할 때면 이해를 돕고자 꼭 상대적인 개념들이 함께 등장하는데, 우선 ANI(약한인공지능), AGI(강한인공지능. 일반인공지능. 범용 인공지능이라고도 함)와 같이 2가지로 분류하기도 하고, 여기에 ASI(슈퍼인공지능)까지 포함해서 3가지로 구분해 설명하기도 한다. 기본적으로 ANI는 지금까지 봐온 특정 분야의 제한된 문제들을 해결하는 인공지능이라고 생각하면 쉽다. AGI는 인간과 유사한 수준의 지능을 가진 인공지능으로, 챗GPT보다 좀 더 발전적인 형태로 인간처럼 다양한 종류의 문제를 이해하고 해결할 수 있는 지능을 의미한다. AGI에 대해서 간단히 살펴보았으니 원래 시작하려는 이야기를 계속해보자.

2023년 11월 6일, 오픈AI의 첫 번째 개발자 컨퍼런스인 '데브데이(DevDay) 2023'의 기조연설에서 오픈AI는 예상했던 GPT-5는 아니었지만 좀 더 좋은 성능과 다양한 기능들이 포함된 GPT-4 터보를 공개했고, 챗GPT가 나온 지 1년 만에 이젠 오픈AI 스토어도 출시하겠다고 발표했다. 오픈AI 스토어에는 GPTs가 등록되는데, GPTs란 사용자의 목적에 맞게 맞춤형으로 만든 챗GPT들이다. 그 개발 방식 역시 코딩 없이 대화만으로 자신만의 맞춤형 챗봇을 만들 수 있는 노코드플랫폼이다. 따라서 누구나 쉽게 맞춤형 챗봇을 만들 수 있으며, GPTs 앱스토어를 통해 즉시 내가 만든 챗봇을 공유할 수 있고, 그 공유한 챗봇을 통해 수익을 올릴 수 있다는 것이다. iOS나 안드로이드(Android) 모바일 앱스토어가 생각나는 부분이다. 구글 킬

오픈AI GPT 스토어. 코딩 한 줄 없이 누구나 본인이 원하는 챗봇을 만들어 업로드하고
수익을 만들 수 있는 새로운 생태계의 시작을 알렸다.

출처: 오픈AI 블로그 https://openai.com/blog/introducing-the-gpt-store

러라 불리우며 검색시장까지 모두 집어삼킬 것이라고 했던 챗GPT
가 이젠 앱스토어 및 AI 챗봇 경쟁도 촉발시키는 순간이다.

샘 올트먼이 데브데이에서 한 기조연설을 살펴보면 이전과 다른
분위기를 느낄 수 있는데, GPT-4 터보와 GPTs를 발표하는 샘 올
트먼에게서는 '이 분야에선 내가 최고'라는 여유와 자신감이 느껴졌
다. 2024년 1월 10일, 오픈AI는 GPT 스토어를 공개했고, 스토어가
공개된 1월 기준 이미 300만 개 이상의 맞춤형 챗GPT가 스토어에
등록되었으며, 애플 앱스토어와 비교해봐도 전체 등록된 앱(봇)의 숫
자는 압도적이었다.

다만 한 분기에 해당하는 3월 기준, 등록된 챗봇의 숫자에 비해 사
용자 수가 여전히 현저히 적고, GPT 챗봇 개발자 지원에도 오픈AI

지금은 AI 시대

가 소홀하면서 초반의 기대감은 많이 사라진 상태이다. 또한 애플 역시 AI 앱스토어 공개 가능성이 언급된 만큼 앞으로의 AI 앱스토어 생태계도 관심 있게 지켜볼 부분이다.

‖ 5일 천하로 막 내린 오픈AI의 쿠테타 ‖

다시 2023년 11월 이야기로 돌아가보자. 샘 올트먼의 발표 이후 GPTs에 대한 관심이 집중되는 가운데 11월 17일 오픈AI 내부에서는 어느 누구도 상상하지 못한 일들이 벌어진다. 샘 올트먼은 17일 일리야 수츠케버 오픈AI 공동창업자로부터 구글 미트(Meet) 화상회의 참석 요청을 받는다. 그리고 그렇게 참석한 회의에서 이사회로부터 샘 올트먼은 해고 통보를 받는다.

이사회는 현 CTO인 미라 무라티(Mira Murati)를 임시 신임 CEO로 지명한다. 오픈AI는 이를 공식화하듯 블로그에 해당 게시물을 공개했다. 여기서 더 놀라운 것은 2023년 초에 오픈AI와의 파트너십을 공식 발표하며 100억 달러(약 12조 3,500억 원)를 투자하겠다고 한 마이크로소프트조차도 샘 올트먼의 해고 소식을 해고 바로 직전에 들었다는 사실이다.

11월 초 오픈AI 데브데이에서의 자신감 있는 기조연설을 비롯해 전 세계가 오픈AI의 샘 올트먼을 주목하는 이 시점에 도대체 무슨 일이 일어난 것일까? 다양한 추측 기사들과 당시 상황에 대한 해석이 난무했고, 개인 사생활부터 회사 차원의 이유들까지 예측 기사들이 쏟아졌다. 보통 이사회가 최고경영자의 해임을 결정할 때는 우선은 실적이나 도덕성 문제와 같이 회사의 이익에 반하는 문제가 있을 때일 것이다. 그런데 샘 올트먼 해임과 관련해서는 다른 관점이 제시되기도 했다. 오픈AI가 애초 비영리단체로 시작했고, 안전한 인공지능을 만들어야 한다는 사명감을 가지고 있었다는 점이다. 당시 이사회는 회사의 수익도 중요하지만 널리 유익한 AGI를 추구해야 한다는 생각을 가지고 있었다. 그런데 샘 올트먼의 '챗GPT 상용화 선언'은 그런 회사의 방향성에 반하는, 그의 비즈니스 욕심이 드러나는 부분으로 이사회의 우려를 산 것이 해임의 큰 이유가 되었을 것이라는 관점이 있다.

다음 날 18일 마이크로소프트의 사티아 나델라는 샘 올트먼에게 마이크로소프트 입사를 제안했다. 이 상황을 지켜본 오픈AI의 700여 명이 넘는 직원은 공개서한을 통해 샘 올트먼의 해고를 추진한 이사회의 사임을 촉구하며 샘 올트먼의 복귀를 요청했다. 그러나 21일 샘 올트먼의 마이크로소프트 입사가 결정되었다. 그러자 22일 이사회가 재구성되었고, 비로소 샘 올트먼이 다시 오픈AI에 복귀하게 된다. 이 모든 과정이 불과 1주일도 안 돼서 진행된 일들이다. 넷플릭스의 콘텐츠보다 흥미진진한 이야기가 아닐 수 없다.

지금은 AI 시대

‖ 구글 딥마인드의 AGI에 대한 6단계 정의 ‖

　이러한 해프닝을 달리 해석해보자면 첫 번째는 통제 불가능한 AGI의 안정성에 대한 우려지만, 결국은 AI 에이전트에 대한 빅테크들의 경쟁이 2024년도에는 더욱더 치열할 것임을 예상할 수 있다. 이는 2023년 11월 4일 오픈AI의 데브데이가 있기 전 구글이 마치 자율주행의 레벨처럼 AGI의 정의를 6단계로 발표한 것에서도 느낄 수 있다.

Google DeepMind

originally published Nov. 2023; updated Jan. 2024

Levels of AGI: Operationalizing Progress on the Path to AGI

Meredith Ringel Morris[1], Jascha Sohl-dickstein[1], Noah Fiedel[1], Tris Warkentin[1], Allan Dafoe[1], Aleksandra Faust[1], Clement Farabet[1] and Shane Legg[1]
[1]Google DeepMind

We propose a framework for classifying the capabilities and behavior of Artificial General Intelligence (AGI) models and their precursors. This framework introduces levels of AGI performance, generality, and autonomy. It is our hope that this framework will be useful in an analogous way to the levels of autonomous driving, by providing a common language to compare models, assess risks, and measure progress along the path to AGI. To develop our framework, we analyze existing definitions of AGI, and distill six principles that a useful ontology for AGI should satisfy. These principles include focusing on capabilities rather than mechanisms; separately evaluating generality and performance; and defining stages along the path toward AGI, rather than focusing on the endpoint. With these principles in mind, we propose "Levels of AGI" based on depth (performance) and breadth (generality) of capabilities, and reflect on how current systems fit into this ontology. We discuss the challenging requirements for future benchmarks that quantify the behavior and capabilities of AGI models against these levels. Finally, we discuss how these levels of AGI interact with deployment considerations such as autonomy and risk, and emphasize the importance of carefully selecting Human-AI Interaction paradigms for responsible and safe deployment of highly capable AI systems.

Keywords: AI, AGI, Artificial General Intelligence, General AI, Human-Level AI, HLAI, ASI, frontier models, benchmarking, metrics, AI safety, AI risk, autonomous systems, Human-AI Interaction

2v2 [cs.AI] 5 Jan 2024

구글 딥마인드의 논문(「AGI의 수준: AGI로 가는 길의 운영화 진행 상황」). AGI를 0부터 5까지 총 6단계로 정의하고, 각 단계별 특성과 책임성과 관련된 내용을 다루고 있다.
출처: Levels of AGI: Operationalizing Progress on the Path to AGI
https://arxiv.org/pdf/2311.02462

구글 딥마인드 논문에서는 AGI 레벨을 시스템 성능과 일반성 (generality)을 기준으로 해석하며, AGI의 시작에서 완성까지의 프로세스를 이해하고 벤치마킹할 수 있는 일종의 다차원적인 프레임워크를 설명한다. 레벨 0은 AI가 없는 단계, 레벨 1(Emerging: 신흥)은 비숙련자 근처 또는 조금 부족한 상태, 레벨 2(Competent: 유능한)는 중간 이상의 인간 퍼포먼스, 레벨 3(Expert: 전문가)은 인간의 90% 이상, 레벨 4(Virtuoso: 대가)는 인간의 99% 이상, 레벨 5(Superhuman: 초인)는 인간을 능가하는 수준으로 구분해 정의한다.

이와 같이 구글이 AGI의 분류 단계를 최초로 발표한 것은 오픈AI의 다양한 서비스 발표를 견제하고, 전체적인 AGI에 대해서는 구글이 기준을 정하고 주도하겠다는 의지를 표현한 것이 아닐까?

메타버스의 불씨를
생성형 AI가 다시 살릴까?

갑작스런 코로나19로 인해 급속한 비대면 사회로의 전환으로
메타버스 세상이 될 것 같았지만, 킬러 콘텐츠와 다양성의 부재,
디바이스의 불편함 등으로 바로 거품이 꺼지듯 인기가 사그라들었다.
하지만 애플의 MR 헤드셋 비전 프로 출시 및
생성형 AI 기술의 적극적인 도입으로 다시 메타버스에 훈풍이 불기 시작했다.

　

메타버스의 불씨를 이야기하기에 앞서 메타버스가 지금까지 어떤 히스토리를 가지고 있는지, 그래서 메타버스란 무엇인지 잠깐 설명할 필요가 있을 것 같다.

우선 메타버스의 신호탄이라 불렸던 것은 바로 미국의 게임 플랫폼 '로블록스'이다. 로블록스는 유저들이 레고처럼 생긴 아바타로 가상세계에서 활동하는 게임인데, 코로나19 사태로 등교를 못 하게 된 미국 초등학생들이 다른 아이들과 소통할 수 있는 통로로 크게 인기를 얻었다. 코로나19 당시 미국에서 16세 미만 청소년의 55%

가 가입했고, 하루 평균 접속자만 4,000만 명에 육박했다. 이렇듯 전 세계 메타버스에 대한 구글 검색량이 폭발하던 시작점은 2021년 4월이다.

‖ 뉴스 헤드라인으로 보는 메타버스 정의 ‖

메타버스가 무엇일까? 메타버스에 대한 정의는 정말 다양하다. 메타버스의 시작을 인터넷의 등장부터라고 설명하기도 하고, VR/AR 디바이스가 등장한 시점이 메타버스 역사의 시작이라고 설명하기도 한다. 그래서 어찌 보면 그 역사와 내용을 알기 위해서는 메타버스가 지금의 생성형 AI만큼이나 뜨거웠던 시기의 뉴스 기사 헤드라인을 보면 오히려 쉽게 이해할 수 있을 것 같다.

2022년 3월까지 대략 뉴스 기사 헤드라인의 내용을 종합해보면, 다음에 나오는 자료에서 보듯 VR/AR, 관계 중심의 SNS에서 관계와 공간 중심의 메타버스, 경제활동, NFT, 디지털 트윈, 스마트시티, 비대면 시대, 프로슈머 생태계, 실감형, 시각적 소통, 아바타, 디지털 휴먼, 차세대 플랫폼, 새로운 패러다임 등의 키워드를 찾아볼 수 있다.

대략 메타버스를 정의하자면, 물체, 공간·거리·시간의 한계성을 가진 현실세계와 그 현실과 닮거나 혹은 현실과 전혀 다른 가상세계, 이렇게 현실세계와 가상세계의 두 세계를 VR, AR, 스마트폰 등

- AR·VR 침체기 끝에 찾아온 메타버스, 기회 놓치지 말아야
- 떠오르는 '메타버스' 시대, IT생태계는 어떻게 바뀔까
- 가상현실의 확장 개념 '메타버스'
- 내 '부캐'는 K팝 아이돌과 논다, 메타버스에서
- 돈 쓰러 갔던 메타버스, 이젠 돈 벌러 가는 세상 됐죠
- 가상세계 '메타버스'의 진화…시각 넘어 촉각까지
- 가상·현실 잇는 메타버스…의료현장 한계 극복 대안으로 주목
- 메타버스, 코로나19·비대면 시대 맞이해 차세대 플랫폼으로 부상
- 카드사, '메타버스' 올라탈까…마케팅 활용방안 모색
- 아바타로 대면하는 세상…금융권 '메타버스'로 MZ세대 공략
- 실제와 닮아가는 '메타버스'…10대들엔 '또 다른 현실'
- 메타버스 가상세계 속 광고·쇼핑 성큼 다가왔다
- 건설업계서도 '메타버스' 활용 필요해
- 현대 인터넷의 후계자, 메타버스란 무엇인가
- "메타버스는 헛소리(bullshit)" 점점 커지는 메타버스 회의론

의 디바이스를 매개체로 해 현실 속 나와 가상세계의 아바타(Digital Me)가 양쪽 세계를 넘나들 수 있는 일종의 유니버스라 할 수 있다. 이때 인공지능 기술과 데이터가 중요한 역할을 한다.

　메타버스에 대한 관심은 엔비디아의 젠슨 황 CEO가 2020 GTC 행사에서 "메타버스가 오고 있다"고 선언하며 전 세계적으로 최고조에 이르렀다. 하지만 현실과 가상세계를 연결하는 디바이스가 하드웨어적 기술 측면에서도 획기적으로 가벼워지거나 기존 가지고 있는 불편함들이 해소되지 못했고, 가격 측면에서도 대중화되기에

메타버스 생태계의 활성화를 비롯해 AR, VR 등 디바이스 활용을 극대화하는 데 멀티모
달 생성형 AI가 크게 기여할 수 있다.

출처: 메타의 호라이즌, 마이크로소프트의 3D 아바타 for 팀즈, 홀로렌즈. 각 사 제공

는 너무 비쌌다. 결정적으로 믿고 있었던 애플에서조차 디바이스가 출시되지 않았다. 비즈니스 측면에서도 초기에 새로운 소셜미디어로 자리 잡을 것 같았고, 한동안 많은 사용자들이 방문하면서 마케팅·광고를 위해 기업들이 참여하기도 했으나 결국은 텅텅 빈 메타버스 내부를 드러내며 사업화에는 실패했다. 이렇게 메타버스에 대해 관심이 시들어갈 즈음 그때 바로 오픈AI에서 챗GPT가 등장했다. 전 세계의 관심은 메타버스에서 다시금 인공지능, 생성형 AI 쪽으로 완전히 쏠리게 된다. 그 이후 2023년 하반기 멀티모달 모델까지 등장하면서 메타버스에서의 생성형 AI에 대한 기대감도 차츰 높아지고 있는 상황이다.

‖ 메타버스와 생성형 AI의 상생관계 ‖

그래서 생성형 AI는 메타버스의 불씨를 살릴 수 있을까? 일단 대답은 긍정적이다. 물론 메타버스에서 디바이스는 꽤 중요한 매개체

지금은 AI 시대

이기에 생성형 AI 자체로만 하드캐리할 수는 없으며, 또한 생성형 AI 기술 자체가 가상경제와 디지털 시장 창출에 직접적인 도움을 주긴 어렵다. 하지만 가상세계 환경 자체를 풍부하고 현실적으로 빠르게 만들어내는 데 필요한 프롬프트를 사고파는 플랫폼을 비롯해 디지털 자산 생성 등 메타버스 내에 AI 기반 마켓플레이스를 활성화시키는 데 생성형 AI가 큰 역할을 할 수 있다.

애초 메타버스에서 프로슈머 생태계가 큰 장점으로 부각되기도 했는데, 여기서 프로슈머란 생산자(Producer)의 프로(Pro-)와 소비자(Consumer)의 슈머(-sumer)가 합쳐진 단어로 말 그대로 생산자이면서 소비자의 역할을 동시에 하는 경제주체를 뜻한다. 대표적인 예로, 유튜브를 생각할 수 있다. 유튜브에는 콘텐츠를 생성하는 생산자가 콘텐츠를 소비하는 소비자의 역할을 동시에 하는 프로슈머 생태계를 가지고 있다. 이는 2024년 1월 말, 국내 유튜브의 월간 활성화 사용자수(MAU)가 4,100만 명으로 국내 모바일 플랫폼 월간 사용 시간 1위에 오르는 데 중요한 역할을 했을 것이다.

따라서 메타버스의 프로슈머 생태계 관점에서 생성형 AI는 상당히 중요한 역할을 할 수 있으리라 기대된다. 무엇보다 현실적이면서 표현력도 풍부한 가상의 아바타를 만드는 데, 그리고 좀 더 몰입감 있는 가상공간을 구축하는 데는 가장 직접적인 도움이 될 것이다.

생성형 AI는 데이터나 콘텐츠 자체를 생성하는 데 매우 좋은 기술로 메타버스 환경에 맞춰 매우 현실적으로, 또는 매우 독특하게, 그리고 이 모든 것을 빠르게 제작할 수 있다. 다양한 지형이나 구조물, 풍경 등 메타버스 세상이 가지고 있는 3D 요소, 텍스처 및 개체 등 모든 환경적인 부분들을 정교하게 높은 퀄리티를 유지하면서 다양하고 빠르게 구축할 수 있다. 따라서 콘텐츠 제작 속도는 높아지고, 이를 제작하던 디자이너들의 부담도 상당히 낮추게 된다.

　메타버스 내의 구성원에 해당하는 아바타 및 NPC(Non-Player Character: 플레이어가 직접 조정할 수 없는 캐릭터) 제작에 있어서도 훨씬 실세계와 같은 형태로 만들어낼 수 있으며, NPC와의 대화에 있어서도 챗GPT와 같은 향상된 대화 스킬로 현실감 있게 제작됨으로써 NPC로부터 다양한 스토리 변화가 가능해질 것이다. 이러한 다양성은 유저의 참여를 더욱 높이고, 메타버스 내의 상호작용을 한층 재미있게 구성할 수 있게 될 것이다. 유저별 개인화된 경험을 할 수 있게 하고, 이러한 개인별 맞춤화는 메타버스 내 경제활동을 활성화시키는 데도 큰 역할을 할 것이다. 즉 메타버스의 불씨를 살릴 뿐만 아니라 향후 메타버스의 승패에 매우 중요한 역할을 생성형 AI가 할 것이다.

　다만 사용자 개인정보에 대한 보호 및 보안에 대한 부분은 반드시 고려해야 한다. 생성형 AI 자체의 알고리듬이 데이터 편향을 일으키지 않도록 관련 테스트를 강화해야 하고, 이 모든 메타버스 내의 생성형 AI 활용 개발은 윤리적으로 진행해 안전한 메타버스 공간을 만들어야 한다. 이제 생성형 AI를 통해 날개를 달 메타버스를 기대해보자.

저작권 소송은
여전히 진행중이다

생성형 AI에 대한 관심의 크기만큼이나 생성형 AI 학습에 활용된
데이터의 저작권에 대한 법적 분쟁들도 비례해서 증가하고 있다.
아직은 모든 소송이 진행 단계에 있지만,
연이어 나오게 될 소송 결과와 AI 규제 상황에 따라
지금의 태풍 같은 생성형 AI 열풍이 잠깐 주춤할 수도 있을 것 같다.

생성형 AI의 가장 큰 특징이라면 새로운 콘텐츠를 생성해낼 수 있다는 점이다. 기존 AI가 분류하고 예측하는 데에서 한 발 더 나아간 것이다. 이를 위해 기존 AI 모델의 학습데이터 양과는 비교할 수 없을 정도의 방대한 학습데이터가 활용된다. 그렇다면 기존에 많은 콘텐츠를 생성하고 콘텐츠 비즈니스를 주요 사업으로 해온 미디어, 기업, 개인 들은 이러한 질문을 할 수 있을 것이다. '자체 생성형 AI 기술을 보유하고 있는 빅테크 기업들은 무슨 데이터로 학습을 했지?' '혹시 내가 출판한 책이 학습데이터로 활용되지는 않았을까?'

‖ 생성형 AI 기업에 대한 작가들의 저작권 침해 소송 ‖

2023년 7월, 미국에서 세계적인 관심을 불러일으킨 소송 사건이 있었다. 코미디언이자 작가로 활동 중인 세라 실버먼(Sarah Silverman)이 작가 리처드 캐드리(Richard Kadrey), 크리스토퍼 골든(Christopher Golden)과 함께 오픈AI와 메타를 상대로 저작권 침해 소송을 제기한 것이다.

이 소송의 주요 내용은 자신들의 저서가 오픈AI의 챗GPT와 메타의 라마(LLaMA)라는 LLM의 학습데이터로 활용되는 데 동의한 적이 없다는 것이다. 이러한 주장의 근거로는 오픈AI의 챗GPT에게 각 도서에 대한 요약을 하라고 했을 때 매우 정확하게 요약문을 생성했는데, 이는 분명 챗GPT가 각 도서 저작물을 학습데이터로 활용했음을 의미한다는 것이다.

또한 미국의 전자도서 플랫폼인 제트라이브러리(Z-Library), 비블리오틱(Bibliotik) 등 무료로 전자책(e-book)을 배포하는 해적판 불법 사이트 내에 저작권이 있는 도서 다수가 메타의 학습데이터셋에 포함되어 있다는 것이다.

두 소송 모두 저작권 침해부터 시작해서 불공정거래 등의 위반 사항들이 포함되어 있고, 법정 손해 배상부터 원고의 저작물 사용을 금지하는 명령까지 포함되어 있다. 이러한 소송들의 결과는 궁극적으로 앞으로 계속될 유사한 소송에서 AI 모델이 학습데이터로서 저작권이 있는 저작물을 사용할 때 직면하는 법적 위험과 저작권 소유자를 법적으로 어디까지 보호할 수 있을지 그 범위를 보여주게 될 것이다.

이와 유사한 소송이 2023년 9월에도 이어졌다. 우리나라에도 잘 알려진 미국 드라마 시리즈물 〈왕좌의 게임(Game of Thrones)〉의 작가인 조지 RR 마틴(George RR Martin)과 존 그리샴(John Grisham) 역시 오픈AI를 고소했다. 거의 1만 4,000여 명의 미국 작가를 대표하며 미국에서 가장 오래되고 규모가 큰 작가 전문 조직인 작가길드(Authors Guild) 등도 이번 소송에 함께했다. 이들은 챗GPT가 작가의 작품을 학습데이터셋으로 대규모 언어 AI 모델의 트레이닝에 무단으로 활용되었다고 주장했다. 그들은 오픈AI의 LLM이 작가의 생계를 위협할 수 있다는 점을 우려하고 있다. 챗GPT가 작가의 작품을 충분히 모방할 수 있기 때문에 이는 출판업계에 문제가 될 수 있고, 생성형 AI가 작가라는 직업을 대체할 수 있다는 우려가 깔려 있는 움직임이라 할 수 있다.

할리우드 작가들의 파업 역시 같은 맥락이다. 또한 이는 작가들에게만 해당되는 것은 아니다. 이미 2023년 1월 초 3명의 아티스트가 스태빌리티 AI(Stability AI), 미드저니(Midjourney) 및 세계적인 규모의 창작 사이트인 디비언트아트(Deviant Art)를 상대로 이들 회사가 허가 없이 텍스트-이미지 AI 모델을 트레이닝했다는 소송을 제기했다. 같은 달, 디지털 콘텐츠를 공급하는 게티이미지(Getty Images)는 회사의 저작권이 있는 수백만 개의 이미지가 불법적으로 활용되었다며 스테이블AI를 상대로 소송을 제기하기도 했다.

‖ 저작권 소송에 대한 생성형 AI 기업들의 대응 ‖

이러한 소송에 대해 AI 모델을 제공하는 회사들의 대응이 어떤지 살펴보자.

첫째는, 실제적으로 AI 모델 학습에 활용되는 콘텐츠에 대해 정당한 비용을 지불하는 것이다. 상당히 많은 회사들이 AI 학습에 수많은 뉴스 기사를 허가 없이 사용하고 있는데, 2023년 7월 오픈AI는 AP 뉴스 기사를 AI 모델의 학습데이터로 활용하고 이에 대한 비용을 지불하겠다고 발표했다. 이는 콘텐츠 제작자에 대한 비용 지불 논쟁이 한창인 지금 관심 있게 볼 결정이다.

둘째는, AI 모델을 활용해 비즈니스를 하는 기업들의 우려를 잠재우기 위해 저작권 침해의 잠재적인 위험에 대해서 보장해주는 것이다. 한 예로, 마이크로소프트의 인공지능 도우미인 코파일럿(Copilot) 서비스를 보자. 이 서비스 역시 저작권 침해에 대한 고민이 있을 수 있다. 이와 관련해 마이크로소프트에서는 제3자가 코파일럿 또는 이를 통해 생성한 출력물의 저작권 침해로 소송이 발생하는 경우, 마이크로소프트가 고객을 변호하겠다고 선언했다.

이와 약간 다른 방식으로 이 저작권 문제를 적극적으로 대응하는 경우도 있다. 오픈AI의 블로그에서 2024년 1월 8일자 블로그(https://openai.com/blog/openai-and-journalism)에는 이런 내용이 실렸다. 2023년 12월 27일 《뉴욕타임스》가 자사의 수백만 건의 기사가 챗GPT의 학습에 사용되었다며 오픈AI와 마이크로소프트를 상대로 소송을 제기했으며, 오픈AI는 《뉴욕타임스》의 소송 주장에 대해서 동의하지 않지만 이러한 소송이 오픈AI의 사업과 의도, 그리고 기술을 어떻게 구축할 것인지에 대해 분명히 할 수 있는 기회로 본다면서 뉴스미디어와는 협력할 것이고, 새로운 기회들을 창출할 것이라고 썼다. 그러면서도 한편으로는 《뉴욕타임스》의 최근 소송과 관련해 프롬프트 조작이 있다는 주장 등에 대해서는 적극적으로 대응하고 있다.

아직 생성형 AI와 관련된 모든 저작권 소송은 진행중이다. 아직 이 문제와 관련해 명확한 정의와 기준이 정립되지 않았다. 앞으로 우리 모두 관심 있게 지켜봐야 할 문제이다.

글로벌 AI 기업과 클라우드 사업자의 연합은 필연적이다. 이는 오픈AI가 마이크로소프트의 투자와 컴퓨팅 자원을 통해 AI 기술 레이스에서 선두를 지키고 있는 것에서도 볼 수 있다. AI 경쟁력을 확보하기 위해서는 최적의 모델과 엔지니어링 스킬, 대규모 컴퓨팅 자원과 양질의 데이터, 사업화 툴이 필요하며, 여기에 협력과 동맹은 필수적이다. 글로벌 기업들의 치열한 경쟁과 대규모 투자 소식으로 생성형 AI 분야가 더욱 활기를 띄는 가운데 생성형 AI 비즈니스의 다각화가 본격적으로 시작되었다.

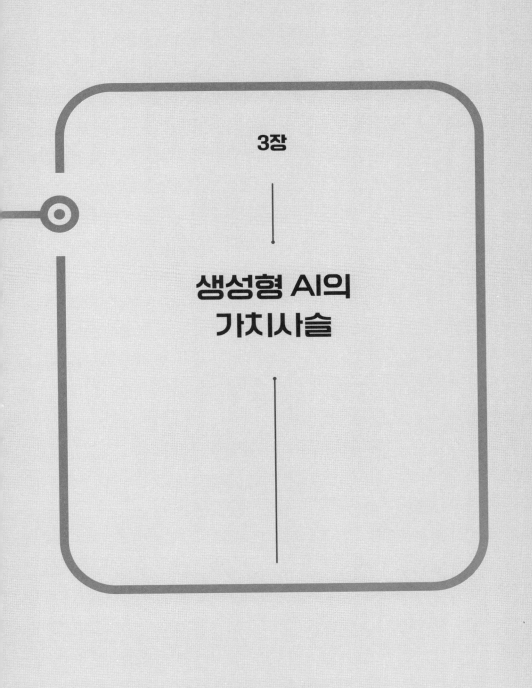

3장

생성형 AI의
가치사슬

기술과 비즈니스의 환상의 짝꿍, 오픈AI와 마이크로소프트

초거대 AI 기술 기업과 클라우드 업체의 만남은 필연적이다.
마이크로소프트는 오픈AI를 통해
클라우드 시장에서 선두 AWS를 추격하고 있으며,
오픈AI는 마이크로소프트 투자 및 컴퓨팅 자원 확보를 통해
글로벌 AI 기술 레이스에서 선두를 지키고 있다.

오픈AI와 마이크로소프트의 관계는 환상의 짝꿍일까? 환장의 짝꿍일까?

2023년 1월 둘 사이는 더욱 돈독해졌다. 2024년 현재도 여전히 환상의 짝꿍이며, 이 둘의 강력한 협업은 오픈AI와 마이크로소프트를 제외한 나머지 플레이어들에게는 지금 대환장의 짝꿍이 되었다. 이 이야기를 지금부터 해보자.

챗GPT가 2022년 11월 말에 발표된 후 2023년 1월 마이크로소프트가 오픈AI에 100억 달러를 투자한다는 소문이 있었다. 특히 오픈

AI에서 2022년 초 뉴립스(NeurIPS: 신경정보처리시스템) 학회 제출을 준비하며 공개한 챗GPT의 형님뻘 되는 인스트럭트GPT(InstructGPT) 논문부터 이미 대박의 조짐은 보였다고 할 수 있다. 인스트럭트GPT의 가장 큰 특징은 AI 학습 과정에 사람의 교육이 개입한다는 것인데, 이렇게 사람이 어떤 답변을 선호하는지 학습함으로써 이후 비슷한 질문을 받았을 때 좀 더 나은 답변을 내놓을 수 있다. 이것을 강화 학습(Reinforcement Learning from Human Feedback: RLHF)이라고 한다. 아무튼 오픈AI 및 샘 올트먼의 기대 이상으로 바이럴 효과를 누렸으며, 대박이 났다.

마이크로소프트는 2019년에도 오픈AI에 10억 달러를 투자했으며, 2020년에는 GPT-3 기반 기술에 대한 독점 라이선스를 구매한 바 있다. 이미 마이크로소프트와 오픈AI는 긴밀한 관계가 유지된 상태에서 2023년 1월 추가 투자에 대한 소문 역시 불과 한 달도 되지 않아 실제적으로 장기적인 파트너십과 함께 수십억 달러의 투자로 현실화되었다.

AI 기술 개발에 있어서 사실상 가장 큰 부담은 AI 연구개발에 필요한 인프라 시스템에 대한 부분이다. 마이크로소프트는 오픈AI의 독점 클라우드 파트너로서, 마이크로소프트의 애저(Azure)를 통해 AI 기술 연구에 필요한 풍부한 클라우딩 컴퓨팅 자원을 오픈AI에 제공함으로써 오픈AI에게 강력한 터보엔진을 달아주었다. 또한 마이크로소프트는 챗GPT를 빙(Bing) 검색과 통합함으로서 구글 검색과의

지금은 AI 시대

경쟁이 가능하도록 만들었다. 뿐만 아니라 마이크로소프트의 막강한 업무생산성 도구인 워드(Word), 파워포인트(Powerpoint) 등에 오픈AI의 강력한 AI 모델들을 적용함으로써 마이크로소프트의 기존 비즈니스 경쟁력을 확보하게 되었다. 그리고 2023년 초 투자 결정 이후 현재까지 이 둘의 관계는 더욱더 돈독해졌다.

‖ 생성형 AI 시장에서 오픈AI의 계속되는 질주 ‖

오픈AI는 2023년 1월만 해도 CEO 샘 올트먼이 '2023년 내 GPT-4가 나온다'는 루머에 대해서 부정적인 입장을 보였다. 하지만 마이크로소프트의 든든한 인프라 지원을 포함한 투자 덕분인지 오픈AI와 마이크로소프트는 구글을 비롯한 다른 빅테크 기업들을 당황시키고 분주하게 만들 정도로 쉴 새 없이 새로운 기술 소식들을 쏟아냈다.

한 예로, 구글은 2월 초 마이크로소프트가 새 검색엔진 빙을 선보인 다음 날에 오픈AI의 챗GPT와 경쟁하는 구글 챗봇인 바드를 성급하게 발표하다가 시연 도중 잘못된 답변을 하는 실수를 했다. 당시 바드에는 람다(LaMDA) 언어 모델이 적용되어 있었고, 이는 람다 모델 성능의 한계치를 드러내면서 논란의 중심에 있었다. 구글의 바드 발표 행사 자체의 내용도 매우 제한적인 정보뿐이었고, 구글 내부에서도 그 이벤트에 대해 인지하지 못한 직원들도 있었다. 발표 데모 시연도 엉성한 데다 결정적으로 시연에서 제임스 웹 우주망원경(JWST)에 대해 어린이에게 설명해달라는 질문에 "태양계 밖 행성을 처음 찍는 데 사용됐다"고 오답을 내놓는 실수를 했다. 이 시연 이후 이틀간 구글의 주가가 10% 정도 급락하면서 시가총액이 한화로 150조 정도가 증발하는 상황에 이른다. 구글 내부 직원들의 비판은 차치하고, 당시 구글 경영진이 얼마나 오픈AI의 광폭 행보에 마음이 급했던 것인지 알 수 있다.

오픈AI는 2023년 2월 챗GPT 플러스 공개, 3월 챗GPT 및 위스퍼 API(Whisper API) 공개, 3월 챗GPT 플러그인(Plug-in) 공개, 3월 GPT-4 공개, 5월 iOS용 챗GPT 앱 공개, 9월 DALLE-3 공개, 11월 GPT-4 Turbo 및 GPT 스토어 공개 등을 통해 AI 기술 자체에 대한 독보적인 경쟁력뿐만 아니라 AI 생태계에 대한 장악력까지 과시했다. 오픈AI는 마이크로소프트의 든든한 지원하에 AI 시대의 새로운 역사를 쓰고 있다.

마이크로소프트는 2023년 3월에는 마이크로소프트365(Microsoft 365) 코파일럿을 공개하며, 워드, 엑셀, 파워포인트, 아웃룩(Outlook), 팀즈(Teams) 등 자사 업무생산성 도구에 오픈AI의 AI 기술을 적용한다고 밝혔다. 5월 마이크로소프트 빌드(Microsoft Build 2023)에서는 윈도우11 운영체제에 AI 코파일럿을 탑재한다고 발표했다. 사실상 마이크로소프트의 전 제품에 오픈AI의 AI 기술을 적용할 것으로 봐도 무방할 것이다.

이렇게 마이크로소프트는 본인들이 투자한 오픈AI의 AI 기술을 알뜰하게 자사 제품에 적용 중에 있으며, 실제 2023년 3분기 마이크로소프트의 실적 발표를 보면 클라우드 서비스 애저(Azure) 매출이 지난해 대비 29%가 증가했다. 이 중 3%는 AI와 연관된 매출이라고 밝혔다. 2023년 11월 기준으로 미국 시가총액 1위는 애플로 약 2조 8,000억 달러이며, 마이크로소프트는 1위에 바짝 붙은 약 2조 6,000억 달러이다. 그리고 2024년 1월 25일 마이크로소프트 시가총액이 장중 3조 달러(약 4,000조 원)를 돌파했다. 마이크로소프트는 잠시지만 애플에 이어 세계에서 두 번째로 시가총액 3조 달러 클럽에 든 것이다.

지금까지를 살펴보면 오픈AI의 흥행이 바로 마이크로소프트의 성공이라고 해도 과언이 아니다. 하지만 이러한 환상의 짝꿍이 계속될까? 샘 올트먼의 해고와 복귀 그 사이에는 마이크로소프트가 있기도 하다. 앞으로 둘 간의 로맨스가 얼마나 지속될지 흥미롭게 지켜볼 일이다.

협업만이 살 길,
초거대 AI의 동맹 전쟁이 시작된다

초거대 AI에서의 경쟁력을 확보하기 위해서는 최적의 AI 모델과 학습을 위한
엔지니어링 스킬, 대규모 컴퓨팅 자원이 필수적이다.
목적에 맞는 양질의 데이터도 필요하고, 이를 사업화하기 위한 툴들도 필요하다.
그렇기 때문에 연합전선을 구축하고, 동맹을 맺고,
좋은 파트너십을 형성하는 것은 선택이 아닌 필수가 되었다.

초거대 AI 생태계 내의 협업을 이야기하기 위해서는 초거대 AI를
포함한 생성형 AI 기술이 가지는 특징에 따른 가치 사슬 혹은 생태
계에 대해 이해할 필요가 있다.

생성형 AI 기술은 초기 한참 동안 AI 모델 사이즈가 크면 클수록
좋은 성능을 보인다는 것이 일반적인 상식처럼 되어 있다. 그래서
초거대 AI 모델을 연구개발하는 회사들은 경쟁적으로 모델 사이즈
를 키우며 새로운 모델들을 발표하곤 했다. 챗GPT가 처음 등장했을
때에도 파라미터 수가 1,750억 개라는 것을 가장 강조하기도 했다.

또한 AI 모델에 활용된 학습데이터의 양도 방대해서 웹페이지, 각종 서적 등을 포함해 약 570GB 정도의 학습데이터가 사용되었다고 알려져 있다.

‖ 생성형 AI의 생태계 ‖

그렇다 보니 기본적으로 AI 모델을 만들거나 학습을 하기 위해서는 고성능의 컴퓨팅 자원을 충분히 확보하는 것이 무엇보다 중요하다. 그런 인프라 자원의 보유 수준은 그 회사의 AI에 대한 관심뿐만 아니라 역량 및 투자 수준까지 판단하는 매우 중요한 부분이 되었다. 또한 이러한 빅테크사들은 AI 기술 개발을 선도하기 위해서 협력 및 투자에도 적극적이다. 그래서 초거대 AI 모델을 직접 보유하고 연구 개발하는 AI 스타트업들과 다양한 형태의 파트너십을 가지기도 한다.

실질적으로 각 회사가 가진 AI 모델들의 성능이나 사업성을 증명하기 위해서는 이러한 기술이 적용된 레퍼런스들이 필요하다. 또한 클라우드 회사나 AI 모델 개발사 자체가 모든 응용 개발까지 직접 할 수는 없기 때문에 다양한 AI 스타트업 회사들이 AI 모델을 적극적으로 활용할 수 있도록 환경을 만들어주고, AI 스타트업 회사들과 협력을 통해 본인들의 AI 기술들로 비즈니스를 확산할 수 있도록 적

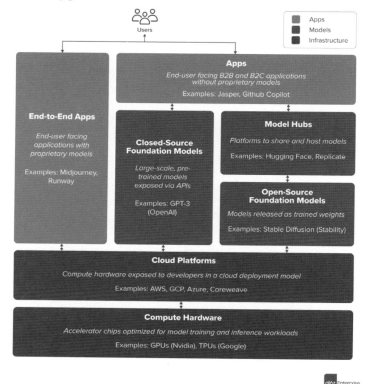

Preliminary generative AI tech stack

생성형 AI의 가치사슬. 생성형 AI는 하나의 기술을 넘어 AI 반도체와 컴퓨팅 인프라를 포함한 후방 산업부터 생성형 AI를 활용한 혁신적인 어플리케이션의 비즈니스를 포함한 전방 산업에 이르기까지 망라한 가치사슬을 구성한다. 이러한 가치사슬은 산업 계층 간에 서로 영향을 주고받으며 복잡하게 얽힌 생태계를 구성한다.

출처: a16z.com

극적으로 지원하고 있다.

아무리 좋은 AI 기술이라고 해도 실제 비즈니스에 활용되어야 의미가 있고 그 기술의 가치는 더욱 올라간다.이를 위해 AI 모델 개발을 위한 컴퓨팅 인프라 자원부터 클라우드, AI 모델, 응용 개발까지의 가치사슬이 만들어지게 된다.

마이크로소프트와 오픈AI의 협력 관계 역시 이와 같은 관점에서 볼 수 있다. 오픈AI와 엔비디아(NVIDIA)의 파트너십 역시 AI 생태계 전반에 엄청난 영향을 미칠 만한 내용으로, 지난 2023년 7월에 두 기업은 1,000만 개의 GPU를 연결해 챗GPT보다 더 강력한 AI 모델을 함께 개발한다고 발표했다. 1,000만 개의 GPU 성능을 활용해서 지금껏 세상에 없던 빠른 속도와 규모로 데이터를 처리하고 분석하겠다는 것이다. 현재 알려진 바로는 엔비디아가 오픈AI를 위해 약 2만여 개의 AI GPU를 공급했다고 한다. 매년 엔비디아가 AI GPU를 100만 개만 생산할 수 있는 것을 고려했을 때, 엔비디아로서도 이번 협업은 큰 챌린지가 되는 프로젝트라 할 수 있다.

하지만 한편으로 이러한 협업은 AI 생태계 밖의 구성원들에게는 상대적으로 불균형을 만들 수 있다. 이미 GPU 확보 전쟁 중에 있고, 잠재적으로 예상되는 GPU 재고 부족은 AI 모델을 개발하는 데 더 많은 비용을 발생시키며, 인프라 자원을 보유한 빅테크와 스타트업 간에는 결국 더 큰 격차가 벌어질 수밖에 없는 것이다. 업계 최고 강자만을 골라서 협업 체계를 만들어가는 오픈AI의 행보는 업계의 다른 플레이어들에게 상당히 위협적일 수밖에 없다.

챗GPT의 최대 수혜주는
엔비디아이다

1년 전 예상이 현재에도 벗어나지 않았음이 반갑다.
2024년 2월 엔비디아가 미 증시에서 시가총액이 세 번째로 높은 기업이 되었다.
엔비디아는 22년 만에 아마존의 시가총액을 넘어섰고,
아마존 시가총액을 넘어선 하루 만에 알파벳의 주가도 뛰어넘었다.
엔비디아의 주가는 지난해 대비 3배 이상 폭등해 2조 달러를 넘고 있다.

챗GPT의 등장으로 기존 AI 생태계에도 많은 변화가 있었다. 어느 때보다 다양한 AI 모델이 등장했고, 마치 새로운 패션 트렌드가 유행하듯 AI 모델 이름들을 일반 대중도 뉴스기사로 들을 수 있었다. 마이크로소프트, 구글, AWS 등 글로벌 빅테크들의 생성형 AI의 비즈니스 활용 사례 발굴을 위한 고객 세미나 및 영업이 활발해졌다. 갓 설립된 AI 스타트업을 비롯해 AI 기반 기술이 상대적으로 얕은 스타트업들도 좋은 아이디어만 있다면 빅테크 기업들이 제공하는 AI 모델들이나 공개된 오픈 소스 모델을 통해서 좋은 성능의 AI 기술을 활용해 비즈니스의 꽃을 피울 수 있게 되었다.

2022년 말까지만 해도 코로나19 팬데믹의 엔데믹(Endemic: 일상적 유행) 선언, 금리 인상, 고물가, 그리고 장기화된 러시아와 우크라이나 전쟁, 인플레이션 등의 불확실성으로 AI 스타트업들에 대한 투자가 얼어붙을 것이라고 예상하며 AI의 겨울이 다시 한번 올 것이라 예상했다. 하지만 지금은 AI는 봄을 지나 한여름 속에 있으며, 생성형 AI라는 주제로 많은 AI 스타트업들이 투자를 받았다.

AI의 특이점이 왔다고 할 정도로 생성형 AI를 포함한 대규모 언어 모델의 높은 성능으로 인공지능 기술은 과거 어느 때와 비교할 수 없을 정도로 다양한 산업군으로 확장되고 있으며, AI의 영향력은 점점 더 광범위해졌다. 그리고 이 중심에는 AI 기술회사도, AI 응용 개발회사도 아니지만 AI 모델의 성능에 직접적인 영향을 주고 있는 회사가 있다. 바로 챗GPT의 최대 수혜주, 고성능 그래픽 처리장치(GPU)의 대표주자 엔비디아(NVIDIA)이다.

‖ AI 반도체 시장의 압도적 1위, 엔비디아 ‖

엔비디아는 처음에는 게임 산업을 통해 알려졌지만 이제는 AI 분야의 핵심 플레이어가 되었다. AI 반도체 시장의 90%를 장악하고 있는 압도적 1위 업체이다. 한 예로 글로벌 빅테크들은 모두 엔비디

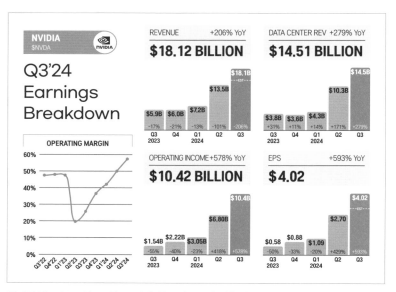

엔비디아는 2023년 10월 29일에 종료된 3분기 매출의 181억 2,000만 달러로 보고하였으며, 이는 1년 전보다 206% 증가한 수치이다.

출처: X. Sunday Markets News @SMM_Newsletter

아의 GPU를 사용하고 있다. 메타가 약 2만 1,000여 개의 A100을 보유하고 있으며, 테슬라는 7,000여 개의 A100을, 스태빌리티AI는 5,000여 개의 A100을 보유한 것으로 알려져 있다.

엔비디아 GPU가 생성형 AI 개발의 필수인 것은 바로 성능 때문인데, 엔비디아의 GPU는 부동소수점 계산을 아주 빠른 시간 내에 할 수 있다. 그러한 특징 때문에 가상화폐, 비트코인 채굴에도 많이 쓰이기도 한다. 복잡한 계산을 빠르게 처리하도록 설계되어 초거대 AI 모델을 훈련하고 실행하는 데 최적화되어 있으며, 대량의 데이터를 고속으로 처리할 수 있다.

지금은 AI 시대

2023년 11월 엔비디아는 2024년 3분기에 매출액 181억 2,000만 달러, 영업이익 104억 2,000만 달러를 달성한다고 발표했다. 매출액은 전기 대비 34% 전년 동기 대비 206% 증가했으며, 영업이익은 전기 대비 53% 전년 동기 대비 1,633% 상승했다.

시가총액은 2,000조 원을 넘어섰으며, 생성형 AI 연구개발을 위한 GPU의 품귀 현상이 나타나면서 그야말로 엔비디아의 몸값이 치솟았다. 그야말로 엔비디아의 천하가 되었다.

엔비디아의 생성형 AI에 대한 수혜에 대해서 가장 배가 아플 만한 사람은 누굴까? 어찌 보면 생성형 AI의 붐을 일으킨 건 오픈AI의 샘 올트먼이지만 실제적인 수혜는 엔비디아가 가져갔고, 모든 빅테크들은 엔비디아에 줄을 서서 GPU를 기다리고 있는 상황이다. 그래서일까? 2024년 1월 말 오픈AI의 샘 올트먼이 한국을 방한했다. 엔비디아의 독점을 깨기 위해 삼성전자와 SK하이닉스를 만났다.

엔비디아의 독점 질주를 누가 멈출 수 있을까? 다른 반도체 기업들이 오픈AI와 손을 잡는다면 어떻게 될 것인가?

여기에 미국의 대중 반도체 수출 규제가 2023년 11월부터 시작되어 엔비디아를 비롯한 주요 GPU 제조사의 고성능 GPU 수출이 중단되면서 엔비디아에겐 큰 타격이 되었다. 앞으로 AI 반도체 시장은 어떻게 흘러갈까?

오픈 소스 모델,
집단지성들이 뭉쳤다

생성형 AI의 후발주자인 메타는 라마(LLaMA)의 소스 코드를 공개했다.
개발자나 회사 누구나 참여해 모델을 발전시킬 수 있음으로써
AI 개발에 대한 접근성을 높이고, AI 시장의 영향력을 키웠다.
이에 질세라 구글도 제미나이와는 별개로 젬마(Gemma)를
오픈 소스로 공개하며 빅테크 간 경쟁이 치열해지고 있다.

오픈AI는 샘 올트먼과 일론 머스크 외 여러 투자자들과 함께 인류에게 유익한 방향으로 인공지능을 개발하겠다는 사명으로 2015년 설립 시에는 비영리단체로 시작했다. 하지만 대량의 클라우드 컴퓨팅 자원, 인재 영입 등 대규모 투자를 유치하기 위해서 2019년 오픈AI 조직을 영리 조직과 비영리 조직이 혼합된 구조로 개편한다. 오픈AI는 비영리 조직(Nonprofit)으로 남겨두고, 영리를 추구하는 조직인 오픈AI LP(오픈AI Profit)를 설립했다.

우리가 익히 잘 알고 있는 챗GPT는 바로 이 오픈AI LP가 운영주

체라 할 수 있다. 마이크로소프트가 이 오픈AI LP에 투자하면서 챗 GPT의 독점 사용권을 얻음과 동시에 오픈AI 영리기업의 지분 49% 를 확보하게 된다. 이로써 오픈AI의 영리 조직은 마이크로소프트에게 종속된 상태라고 볼 수 있으며, 오픈AI가 AI 시장에서 눈에 띄게 성장하면서 상용화의 가장 선두에 서 있는 상태가 되었다. 그리고 이후 회사명을 '오픈(Open) AI'가 아니라 '클로즈드(Closed) AI'라고 바꿔야 하는 것이 아니냐는 이야기가 우스갯소리로 나올 정도로 실제 오픈AI는 이름과 달리 비공개된 모델로 소스는 공개되지 않았다.

‖ 오픈 소스 모델들 ‖

우선 갑자기 튀어나온 오픈 소스에 대한 설명이 먼저인 것 같다. 오픈 소스란 개발 프로젝트나 프로덕트의 소스 코드를 수정, 변경, 재사용이 가능하며, 따라서 궁극적으로는 다양한 협업을 통해서 투명성과 혁신성을 가지는 더욱 뛰어난 소스 코드로 발전하겠다는 생각이다. 따라서 여기에는 개발자들의 재능 기부가 필요하며, 이러한 재능 기부를 기반으로 오픈 소스는 발전한다. 아마도 우리가 가장 잘 알고 있는 오픈 소스 진영의 개발자는 바로 1990년대에 리눅스 (Linux)를 개발한 리누스 토발즈(Linus Torvald)이다.

다시 인공지능 모델 이야기로 돌아가면, 오픈 소스 모델은 2018

년 구글의 버트(BERT)에서 시작되었다. 그 이후로 T5, 오픈AI의 GPT-2 및 일루더AI(ElethurAI)의 GPT-J가 출시되고, 2023년에는 메타의 라마-2(LlaMa-2), 데이터브릭스(Databricks)의 돌리(Dolly) 2.0, 모자이크ML(MosaicML)의 MPT-7B, TTI의 팔콘(Falcon) 180B, 빅사이언스(BigScience) 그룹의 블룸(BLOOM), 스태빌리티AI(StabilityAI)의 스테이블 디퓨전(Stable Diffusion), 그리고 2024년 구글의 젬마 2B, 7B 등 새로운 오프소스 생성형 AI 모델들이 공개되었다. 그리고 허깅페이스(HuggingFace)는 오픈 소스 모델을 중심으로 이러한 모델을 쉽게 엑세스할 수 있도록 했다.

‖ LLM 제2라운드가 시작 ‖

그런데 현존하는 생성형 AI 중 가장 인기가 많을 뿐만 아니라 강력한 성능을 자랑하는 오픈AI와 같이 비공개된 모델이 아니라 왜 오픈 소스 LLM에 관심이 높아지고 있을까?

앞서 언급했지만 오픈 소스 LLM의 가장 큰 장점은 협업으로 모델을 발전시킬 수 있다는 것으로, 이는 비공개된 모델보다 더 빠른 발전과 혁신을 가져올 수 있다. 또한 오픈 소스 모델은 기본 모델에 대한 가중치를 조정할 수 있을 뿐만 아니라 좀 더 미세 조정까지 가능하기 때문에 개발자는 필요에 따라 모델을 수정하고 조정할 수 있다.

지금은 AI 시대

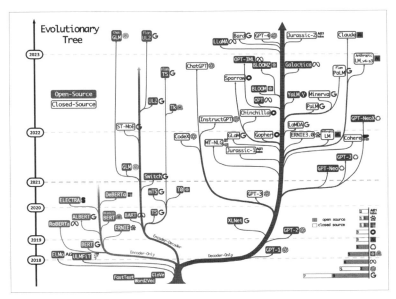

진화 나무. 최근 몇 년 간의 언어 모델이 어떻게 발전했는지 보여주는 그림이다. LLM은 Encoder only, Decoder only, Encoder-Decoder의 계열로 진화했으며, 챗GPT를 비롯한 GPT 모델들은 Decoder-only 모델이다. 또한 색상 박스의 모델은 오픈 소스 계열 모델로 대표적으로는 메타의 라마가 있으며, 흰색박스의 모델은 폐쇄형 모델로 오픈AI의 챗GPT가 해당된다.

출처: Harnessing the Power of LLMs in Practice: A Survey on ChatGPT and Beyond
https://arxiv.org/abs/2304.13712 논문

그리고 많은 LLM이 가진 문제점 중 하나는 어떻게 결론을 도출했는지 설명할 수 없는 블랙박스라는 특성을 가지고 있기 때문에 모델의 의사결정 과정을 신뢰하기 어려울 수 있다는 점을 들 수 있다. 이런 측면에서 상대적으로 오픈 소스 LLM은 사용자가 훈련 알고리듬과 모델 아키텍처에 액세스해 모델이 출력을 생성하는 방법을 더 잘 이해할 수 있으며, 이는 투명성과 신뢰성을 높이는 데 도움이 된다.

오픈 소스 LLM은 오픈AI와 같은 비공개 모델 대비해 미래에 경쟁력이 있을까?

오픈 소스 LLM은 비즈니스 측면에서 중요한 차별화 요소가 될 수 있다. 오픈AI를 비롯한 비공개 모델 사업자들이 내 비즈니스에서만 가질 수 있는 고유한 데이터를 수집하고, 데이터를 모델 재학습에 활용하도록 원하는 사람은 아무도 없을 것이다. 오픈 소스 LLM의 중요한 장점 중 하나는 바로 내가 데이터에 대한 모든 권한을 가진다는 것이다. 이는 더 빠르고 저렴하게 운영할 수 있는 최적화된 솔루션을 구축하는 데 더 많은 유연성을 제공할 수 있고, 이는 곧 비즈니스 경쟁력이 될 수 있다.

물론 GPT-4와 같은 비공개 모델은 일반적으로 모든 면에서 더 나은 기능을 갖고 있지만, 그럼에도 불구하고 오픈 소스 LLM 모델들은 성능을 계속 따라잡고 있다. 실제 더 나은 성능을 얻기도 하며 오픈 소스 모델은 계속적으로 더 경량화된 사이즈에 대한 도전을 하면서 더 효율적이면서 큰 모델보다 나은 성능을 증명하고 있다.

또한 AI를 비즈니스의 차별화 요소로 활용하고자 한다면, 결국은 자체 LLM을 소유하고자 할 것이다. 이는 장기적으로 비용도 훨씬 저렴하며, 비공개 모델에 종속될 수 있다는 우려를 줄이는 데 오픈 소스 모델은 좋은 대안이 될 수 있다. 또한 특화된 LLM 측면에서 의료, 법률, 금융 등 특정 영역에 대해 오픈 소스 LLM을 미세 조정한 모델들을 쉽게 찾을 수 있으며, 이렇게 잘 설계된 LLM들은 높은 정확도를 가진다.

　오픈 소스 LLM의 가능성은 무궁무진하다. 비공개 LLM이 성능에서 당장은 우위를 가지더라도 오픈 소스 LLM이 가지는 역동적인 협업은 비공개 LLM과는 또 다른 미래의 경쟁력을 가질 수 있을 것이다. 다만 오픈 소스 모델도 대부분 메타와 같은 기업에서 사전훈련(pre-training)을 하기 때문에 라이선스 정책 변경의 가능성을 배제하기 어렵고, 악용 사례에 대한 모니터링이나 제어가 어려운 점이 있다는 것은 기억하자.

전 세계의 돈이 모이는
생성형 AI

최근 샘 올트먼은 1경(이런 숫자가 투자금일 수 있다니…) 원을
AI 반도체 공장 건설에 투자할 것이라고 했다.
손정의 소프트뱅크 회장도 AI 전용칩 공장 건설에
약 133조 원을 투자할 계획이라고 밝혔다.
현재 전 세계 투자가 생성형 AI라는 블랙홀에 빨려 들어가고 있다.

지금의 AI 스타트업들을 보면 1990년대 후반 닷컴벤처들이 생각
난다. 1990년대 후반의 회사 이름 끝에 닷컴(.com)이라는 단어만 넣
으면 투자자들이 돈을 쏟아붓고, 닷컴이란 단어만 있어도 주가는 상
승한다고 할 정도로 많은 투자가 이뤄졌다. 물론 높은 가치 평가에
비해 대부분 수익이나 이익을 창출하지 못하면서 닷컴버블이 꺼지
기 시작했다.

2022년 9월 즈음 우리는 AI 스타트업에 대한 투자가 얼어붙는 AI
스타트업의 겨울을 이야기했다. AI 회사들 중 누가 진짜인지, 진짜

AI 회사들만이 생존하게 될 것이라는 다소 부정적인 전망이 퍼지려던 찰나 2022년 11월 말에 챗GPT가 등장했다.

‖ 영원한 봄 같은 생성형 AI에 대한 투자 ‖

지금은 단순히 AI가 아닌 '생성형' AI라는 단어가 들어간 회사에 전 세계의 돈이 모이고 있다. 2023년 한 해는 생성형 AI(Generative AI)란 어젠다가 모든 투자를 독점했다.

이는 미국의 스타트업 분석 업체인 크런치베이스(Crunchbase)가 제공하는 정보에서도 확인이 가능하다. 2023년 1월부터 2023년 3분기까지 AI 분야의 1만 6,000개 이상의 기업에 3,000억 달러 이상의 벤처 자금이 투자되었고, 이는 2023년 3분기까지 미국 벤처 자금의 25% 정도의 투자금이 AI 기술을 비즈니스에 적용한 스타트업에 투자되었다고 한다. 또한 2023년 1분기 벤처캐피털(VC) 자금은 작년에 비해 53% 감소했지만, 생성형 AI는 2023년 1분기에만 이미 2022년에 투자된 자본의 4배를 유치했다는 점이다.

2023년 최대 규모의 생성형 AI에 대한 투자는 마이크로소프트의 오픈AI에 대한 100억 달러 투자였다. 생성형 AI 연구개발 및 운영에 필요한 애저 클라우드의 크레딧 형태로 100억 달러가 투자되었고, 마이크로소프트는 이 투자금을 회수할 때까지 오픈AI 수익의 75%

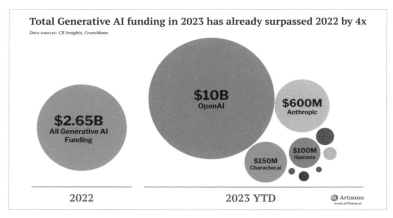

2023년 생성형 AI 산업에 대한 투자 규모. 2022년 투자 규모 대비 챗GPT가 등장한 2023년에는 오픈AI에 대한 투자가 전년 대비 3배가 훌쩍 넘었으며, 전체 규모 성장은 4배가 넘을 정도로 급성장했다. 엔데믹에 따른 전반적인 투자 감소 경향을 고려하면 대단히 놀라운 수치다.

출처: https://www.artisana.ai/

를 받는 것으로 알려져 있다.

오픈AI 이후 가장 많은 자본을 조달한 생성형 AI 기업은 앤스로픽(Anthropic)으로 클로드-2(Claude-2)라는 대규모 언어 모델을 개발했다. 2023년 9월 아마존(Amazon)으로부터 최대 40억 달러 규모의 투자를 약속받았고, 이후 몇 주 뒤에 구글로부터도 최대 20억 달러 규모의 또 다른 자금 조달 라운드를 받았다.

그 외 다른 많은 회사들도 투자를 받았지만, 추가적으로 언급하고 싶은 회사는 미스트랄 AI(Mistral AI)이다. 블룸버그에 따르면 오픈AI 및 앤스로픽 경쟁자로 미스트랄 AI는 연말에 20억 달러 가치로 약 4억 8,700만 달러에 달하는 대규모 투자를 유치했다.

	Valuation	Total Funding	Main Product
OpenAI	$80B~90B	$11B	ChatGPT
Anthropic	$20B~30B	$3.35B~7.6B	Claude
xAI	Est. $20B	Est. $800M	Grok
Scale AI	$7.3B	$603M	Scale
Character AI	$5B+	$193M+	Character
Hugging Face	$4.5B	$395M	Hugging Face
Inflection AI	$4B	$1.5B	Pi
Cohere	$2B	$420M	Cohere
Mistral	$2B	$594M	Mistral

2024년은 2023년의 기대감을 넘어 생성형 AI가 실제 광범위한 비즈니스에 적용되고, 다양한 산업 전반에서 생산성을 향상시킬 것으로 기대된다. 또한 생성형 AI 시장의 기업들은 2024년에 더 많은 자금을 받을 것이다.

새로운 플랫폼 경제를 만드는 생성형 AI

오픈AI의 사용자는 자신이 만든 챗봇을 공유함으로써
수익을 창출할 수도 있다.
스토어에 등록된 다른 챗봇을 구매해
사용할 수도 있는 프로슈머 생태계이면서
새로운 플랫폼 경제를 만들어냈다.

플랫폼 회사를 정의하는 표현은 상당히 다양하다. 그렇다면 플랫폼 회사를 현재의 AI 기술에 대한 인식 변화 측면에서는 어떻게 볼 수 있을까?

챗GPT가 등장하기 전에는 AI 기술이 기업의 비즈니스가 존재하기 위한 일종의 코어엔진 기술이라고 인식되었다. 그러다가 생성형 AI가 등장한 이후 AI 기술은 일종의 인프라, 파운데이션으로 이해되기 시작했다.

지금은 AI 시대

우선 AI 모델의 사이즈에 '초거대'라는 단어를 쓸 정도로 그 모델 사이즈가 커지기도 했고, 특정 분야를 잘하는 AI 엔진이 아니라 범용적으로 활용이 가능할 수준으로 전반적인 성능 자체가 높아졌다. 언어 능력이 탁월하게 향상되고 계산이 빨라지다 보니 과거의 전기나 석유와 같은 사업의 근간이 되는 인프라로서의 인식이 생겼다.

물론 생성형 AI 모델의 크기 역시 sLLM(small LLM)이라는 이름으로 LLM 중에서도 버티컬한 특정 전문 분야에 특화된 작은 사이즈의 모델들이 유행처럼 등장하고 있다. 하지만 여전히 sLLM도 과거 AI 모델에 비하면 매우 큰 편이라 일종의 인프라, 파운데이션 모델과 같이 인식된다.

현재 생성형 AI 모델을 자체적으로 확보하려는 기업이나 이미 확보한 기업들은 어찌 보면 결국은 플랫폼 기업으로 변화하고자 하는 것이다. 자체 AI 모델을 서비스 형태로 다른 기업들에게 공급함으로써 활용 기업이 성장할 수 있는 기반 기술을 제공하는 것이다. 물론 지금 언급한 것만으로 플랫폼이라 하긴 어렵다. 이에 대해서는 바로 이어서 설명하기로 하고, 아무튼 생성형 AI 기술을 가진 기술 기업이 플랫폼 기업이 되려는 움직임은 오픈AI을 통해서도 나타난다.

2023년 11월 오픈AI는 누구나 쉽게 맞춤형 챗GPT를 만들 수 있도록 하며, 이렇게 만든 챗봇을 판매할 수 있는 전용 스토어인 GPT

스토어를 구축하겠다고 발표했으며, 2024년 1월 출시했다. 이것은 소비자 및 기업용 챗봇 시장을 주도하겠다는 의미였으며, 이는 애플의 앱 스토어와 같은 플랫폼 경제를 구축하려는 전략이 엿보이는 부분이다.

‖ 생성형 AI를 기반으로 한 플랫폼 경제 ‖

그러면 우리는 무엇을 플랫폼이라고 말하고, 플랫폼의 핵심은 무엇일까?

보통 우리는 플랫폼을 모바일 앱이나 웹사이트와도 혼용해 사용한다. 서비스, 소프트웨어를 제공하는 것 자체에도 플랫폼이란 용어를 사용한다. 중요한 점은 플랫폼은 기본적으로 구매자와 판매자가 반드시 존재해야 하며, 이들 간의 거래를 통해 가치를 만들어내는 비즈니스 모델이라는 것이다. 아마존, 애플, 마이크로소프트, 유튜브, 우버, 에어비앤비 등은 모두 구매자와 판매자를 연결하는 생태계를 운영하고 이를 통해 엄청난 수익을 얻는다.

기존에 이미 형성되어 있는 플랫폼 경제를 이끌고 있는 플레이어들도 생성형 AI를 자신들의 플랫폼에 이식하고 발전시키며, 지금의 위치를 유지하려 할 것이다. 그 가운데 뛰어난 생성형 AI 기술을 기반으로 새로운 플랫폼 경제를 이끌 플레이어들이 나타날 것이다.

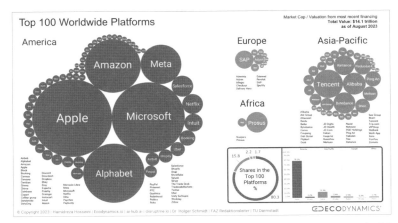

세계 플랫폼 기업들의 규모. 북미 지역의 플랫폼 기업들이 전 세계 플랫폼 규모의 대부분을 차지하며, 아태 지역은 중국 기업들의 규모를 확인할 수 있다. 상대적으로 유럽 지역의 규모가 작은데 이는 생성형 AI 시장의 주도권 상황과 유사한 형태를 띤다. 이 그래프를 통해서도 생성형 AI와 플랫폼의 강한 연관관계를 확인할 수 있다.

출처: https://www.platformeconomy.io

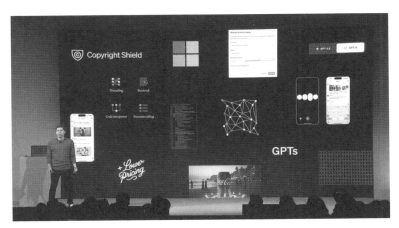

GPT 스토어에 대해서 오픈AI 샘 올트먼 CEO가 설명하고 있다.

출처: 오픈AI 유튜브 OpenAI DevDay: 기조연설

오픈AI는 생성형 AI를 기반으로 새로운 플랫폼 경제를 만들려고 하는 첫 번째 생성형 AI 기반의 플레이어인 것이다. 이 플랫폼을 통해서 개발자는 맞춤형 GPT를 개발해 스토어에 올리고, 소비자들은 GPT 스토어에서 원하는 GPT 챗봇을 다운로드 할 수 있는 마켓플레이스이다. GPT 스토어는 당연히 다양한 GPT 챗봇을 개발하는 크리에이터의 수익 창출의 공간이 될 것이다.

지금은 AI 시대

이제는 AI 기술 경쟁력보다 데이터에서 오는 경쟁력이 큰 시대가 될 것이다. 그리고 재미있게도 데이터가 돈이 되는 시대에 아직 데이터에는 세금이 부과되지 않는다. AI 기술은 챗GPT를 기점으로 확실하게 상향 평준화되었고, 오픈 소스 모델들의 등장으로 협업 생태계가 조성되었다. 그리고 이제는 실질적인 비즈니스 혁신으로 초점이 이동하고 있다.

4장

데이터가 정말 돈이 되는
시대는 지금부터 시작이다

기술을 넘어 비즈니스의 본질을 생각할 때

챗GPT를 시작으로 AI 기술은 충분히 상향평준화되었다.
오픈 소스 모델들의 등장으로 기술에 대한 협업 생태계까지 조성되었다.
이제는 기술적 혁신을 넘어 이러한 기술을 얼마나 효과적으로 활용해
비즈니스를 혁신할 수 있는지 증명해야 할 시기가 도래했다.
2024년은 그 원년이 될 것이다.

2022년 11월 말 챗GPT의 등장 이후 2023년은 새로운 AI 기술과 AI 모델들의 등장으로 정신없는 한 해를 보냈다. 마치 10년 동안 발전할 기술과 뉴스들이 1년 동안 한꺼번에 쏟아지는 듯한 느낌을 받을 정도로 AI 업계는 빠르게 변화했다.

오픈 소스 기반의 모델부터 다양한 상용 모델들이 등장했고, 컨퍼런스 및 미디어들을 통해 빅테크들의 새로운 근황들도 쉽게 접할 수 있었다. 현재 생성형 AI가 가지는 할루시네이션을 포함한 각종 문제점들에 대한 해결 방안에 대한 아이디어까지 폭발한 한 해였다.

‖ 챗GPT에 대한 기대와 현실 ‖

챗GPT가 등장하기 전까지의 AI 기술로는 한계가 있었던 다양한 AI 기반 서비스들이 이제 모두 가능해 보인다. 다만 생성형 AI가 학습되고 구동되기 위해서 필요한 인프라는 과거와 달리 대규모의 투자를 필요로 하게 되었다. 따라서 실행하기에 앞서 실제적인 비즈니스 효과에 대한 논의가 시작되었다. 물론 미디어에 발표된 빅테크 기업들과 글로벌 기업들의 생성형 AI를 비즈니스에 적용하기 위한

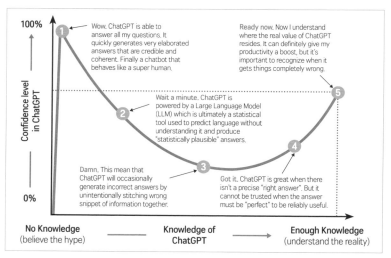

챗GPT에 대한 기대와 현실. 어떤 분야에 대해서 제한된 지식이나 능력을 가질 경우 실제보다 자신의 능력을 과대평가하는 더닝 크루거 효과(Dunning-Kruger effect)처럼 챗GPT에 대한 와우(Wow)라는 기대감(Hype)에서 시작해 실제 챗GPT가 가진 장점과 한계의 현실(Reality)을 이해하기까지가 그래프에 잘 표현되어 있다.

출처: HFS Research

지금은 AI 시대

계획이나 전략은 모두 그럴듯했고, 당장이라도 눈부시게 멋진 서비스가 출시될 것 같았다. 그렇다. 지금까지 기술이 훌륭하다는 것은 충분히 설명되었고, 그 기술이 가지는 극복해야 할 문제점들도 뚜렷하게 도출되었다. 그리고 2023년을 지나 2024년 초의 상황도 비슷하다. 그 놀랄 만한 기술을 우리가 체감할 수 있는 서비스는 아직인 듯하다.

우리는 HFS 리서치의 챗GPT의 기대와 현실을 표현한 그래프처럼 AI 전문가를 비롯한 모든 대중은 챗GPT의 등장에 처음에는 열광했다(WOW). 마치 당장이라도 슈퍼 휴먼 같은 챗봇이 등장할 것이라 기대했었다. 그리고 이 모든 놀라운 성능 뒤에 LLM이란 것이 있다는 걸 알게 되었고(Wait a Minute), 챗GPT의 답변이 완벽하지 않다는 것을 알았다(Damn). 이른바 '할루시네이션'이라 말하는 잘못된 답변이 해결되어 제대로 된 답변을 하기 전까지는 활용하는 데 문제가 있으리란 것을 알았고(Got It), 마지막으로 챗GPT의 가치가 어디에 있는지를 이제 이해하기 시작했다(Ready Now).

챗GPT 등장 이후 빅테크들의 기술에 대한 논의와 멋진 쇼는 충분히 본 것 같다. 이제는 이 기술이 실제 비즈니스에서 얼마나 효과적으로 업무생산성을 높일 것인지, 그리고 비용을 절감할 것인지, 대고객 서비스로서 얼마나 그 몫을 다할 것인지를 보여줄 시기가 되었다. 기술이 아닌 비즈니스로서 지금의 AI 기술을 증명해야 할 때가 된 것이다.

AI에게도 모방은
창작의 어머니이다

영국의 케임브리지 사전은 2023년 올해의 단어로
할루시네이션(hallucination)을 선정했다. 그것은 환각이라는 뜻인데,
생성형 AI의 해결해야 할 문제점으로 가장 많이 언급되는 단어다.
그런데 창작의 관점에서 보면 할루시네이션은 오히려
생성형 AI의 고유한 특성이라고도 볼 수 있다.

'창작하다' 또는 '창의적이다'라는 용어를 정의하면 어떻게 될까? 새로운 생각이나 개념을 발견하거나 기존에 있던 생각이나 개념들을 조합해 새롭게 생각해내는 특성이라고 설명할 수 있다. 창의성은 의식적이거나 무의식적인 통찰에 힘입어 나타나며, 기존에 없던 것들의 연결, 즉 이을 수 없는 점을 잇는 새로움이라고도 정의할 수 있다.

‖ 생성형 AI의 출력과 인간의 창작 ‖

이러한 정의는 현재의 생성형 AI 또는 LLM(대용량 언어 모델)의 동작 메커니즘과도 비슷하다. 기존에 인간이 만들어낸 무수히 많은 데이터, 콘텐츠 들을 통해서 AI 모델이 새로운 텍스트, 이미지, 동영상 등을 만들어내는 것이 바로 현재의 생성형 AI의 특징이다. 달리나 미드저니 등과 같이 텍스트를 이미지로 만들어내는 모델처럼 쉽고 편리하게 사람이 텍스트로 지시사항만 입력해도 복잡하고 멋진 이미지들을 만들어낼 수 있을 정도가 되었다. 예술 작품, 음악, 뉴스를 비롯해서 논리적인 사고를 필요로 하는 프로그래밍 개발 코딩까지 콘텐츠를 생성하는 능력은 이미 증명되었다. 이로 인해 현재 AI가 넘보고 있는 인간의 창의성과 예술에 대한 뜨거운 논쟁들이 진행중이다.

문화·예술 분야에 해당하는 활동인 글을 쓰고, 그림을 그리고, 작곡을 하는 등의 이 모든 활동들은 인간 고유의 활동이라 믿었다. 그런데 현재 생성형 AI 기술은 이러한 인식을 완전히 바꾸고 있다.

실제로 챗GPT를 비롯한 다양한 생성형 AI 기반의 글쓰는 툴(도구)들이 만들어낸 콘텐츠들은 사람이 쓴 글과 사실상 구분이 불가능할 지경에 이르렀다. 챗GPT도 인간만큼이나 창의적이고 독창적인 글쓰기가 충분히 가능해 보인다. 다만 생성형 AI는 사람과 다르게 실제 만들어낸 콘텐츠의 의미를 진심으로 이해하거나 해석하는 것은 아니며, 학습된 데이터를 기반으로 단어를 가려놓고 단어 맞추기 식

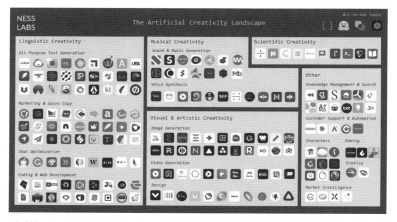

생성형 AI는 강력하면서도 누구나 사용하기 쉬운 창작 도구로서의 가치가 매우 크다. 이미 생성형 AI를 기반으로 한 다양한 콘텐츠 창작 도구 앱들이 출시되어 비즈니스화되고 있다.

출처: Ness Labs, https://nesslabs.com

의 학습을 통해 확률적으로 단어들을 채워 나가는 과정에서 과거보다는 높은 수준의 추론과 창의적인 콘텐츠를 출력해낸 것뿐이다.

또한 사람은 감정을 가지고 콘텐츠에 메시지를 담아내지만, AI는 감성이 있다고 보기 어렵기 때문에 생성해낸 콘텐츠들은 단순히 알고리듬에 따라 생성된 것뿐이다. 사람은 글, 그림, 영상 작품을 통해 그 작품을 만든 작가의 개인적인 경험이나 감정, 내면의 세계에 대한 스토리텔링을 함께 이해하면서 보게 된다. 하지만 AI가 만들어낸 작품에는 당연히 그러한 내면의 세계가 존재할 수 없다. 생성해낸 콘텐츠의 깊이는 인간이 창작한 콘텐츠와는 다를 것이며, 좀 더 단조로울 수도 있다. 하지만 그 복제 능력만큼은 실로 놀라운 수준이라는 것은 부인할 수 없을 듯하다.

‖ 비즈니스 측면에서 기대되는 생성형 AI의 창의성 ‖

인간의 고유영역이라고 생각했던 창의적인 예술까지 가능한 인공지능에 대해서 우리는 어떻게 받아들여야 할까?

재미있는 사실은 요즘 생성형 AI 모델이 매우 핫한 분야가 의료 및 제약 분야라는 것이다. 연구원이 제공하는 기초 데이터를 통해서 새로운 약물 후보를 생성하며 제약 연구 기간을 앞당길 수도 있다는 것인데, 새로운 약물 후보를 생성하는 것도 일종의 창의성이 필요한 분야이기 때문이다. 이렇듯 생성형 AI 모델이 과학, 공학 등 분야에서도 문제해결에 엄청난 잠재력을 가지고 있다는 사실은 생성형 AI

	PRE-2020	2020	2022	2023?	2025?	2030?
TEXT	Spam detection Translation Basic Q&A	Basic copy writing First drafts	Longer form Second drafts	Vertical fine tuning gets good (scientific papers, etc.)	Final drafts better than the human average	Final drafts better than professional writers
CODE	1-line auto-complete	Multi-line generation	Longer form Better accuracy	More languages More verticals	Text to product (draft)	Text to product (final), better than full-time developers
IMAGE			Art Logos Photography	Mock-ups (product design, architecture, etc.)	Final drafts (product design, architecture, etc.)	Final drafts better than professional artists, designers, photographers
VIDEO/ 3D/ GAMING			First attempts at 3D/video models	Basic/first draft videos and 3D files	Second drafts	AI Roblox Video games and movies are personalized dreams

Large model availability: ● First attempts ● Almost there ● Ready for prime time

콘텐츠 창작 도구로서 생성형 AI는 텍스트와 프로그램 코딩 도구가 가장 먼저 활용가능한 수준의 품질까지 도달했으며, 뒤를 이어 이미지, 비디오, 3D가 2025년 이후 실용화될 것으로 예상된다. 그러나 최근 오픈AI의 소라(Sora)나 미드저니 v6의 품질을 고려하면 이보다 더 빨라질 가능성도 높다.

출처: 세쿼이아 캐피털(Sequoia Capital)

기술의 활용 범위가 상당히 광범위해질 수 있다는 걸 예상하게 한다.

대규모 언어 모델은 대규모 데이터셋을 분석하고, 패턴을 식별하고, 가설을 생성해 연구원을 지원한다. 인간은 해당 분야의 전문 지식, 비판적 사고 및 직관을 사용해 결과를 검증하고 개선한다. 이렇게 생성형 AI와 인간이 함께 협업을 통해 복잡한 문제에 대한 새로운 솔루션을 개발할 수 있다. 생성형 AI와 인간과의 협업은 어찌 보면 일하는 방식과 사는 방식의 새로운 패러다임을 만들어낼 것이며, 이 둘 간의 상호보완적인 협력이 잘 이뤄진다면 놀라운 혁신과 새로운 기회들을 찾을 수 있을 것이다.

결과적으로 인간과 생성형 AI의 관계에서 AI가 인간을 대체할 수 있다고 규정할 경우 사실상 우리가 AI와 공존하며 만들어야 할 미래는 답답할 수밖에 없다. 대체가 아닌 협업의 대상이라는 기본 프레임으로 바라본다면 좀 더 발전적인 관계 정립이 가능하지 않을까?

또한 창작의 관점에서 생성형 AI의 할루시네이션은 어찌 보면 해결해야 할 문제가 아닌 생성형 AI의 고유한 특성이라고 볼 수도 있을 것이다.

AI가 만든 편견과
거짓말이 세상을 흔든다

AI가 가지는 편견은 어쩌면 인간에게 물려받은 것이라 할 수 있다.
우리가 살아가는 세상에 존재하는 편견과 편향이
학습데이터에 그대로 투영되었기 때문이다.
또한 이제는 진짜와 식별되지 않는 가짜를 만들어내는 딥페이크 기술로
기존에 경험하지 못했던 AI와 관련된 위험들에 노출되기 시작했다.

인공지능이 앞으로 세상을 어떻게 변화시키고 우리는 이를 위해 어떤 준비를 해야 하는지에 대한 이야기는 늘 나오는 이야기이다. 그리고 인공지능 기술이 일상의 생활 속 서비스로 들어올 때 발생할 수 있는 문제점에 대한 우려도 많다. 그중 기존에 가장 많이 언급되던 것은 AI 결과가 가져올 수 있는 편향성에 대한 부분이었다. 이 문제는 여전히 해결중에 있다. 그리고 이제 생성형 AI 시대가 시작됨에 따라 또 다른 고민이 생겼다. 인공지능이 만들어내는 가짜 데이터를 어떻게 할 것인가에 대한 고민이 시작되었다.

‖ 인간 세상의 불평등을 닮은 AI의 편향성 ‖

AI가 만들어내는 편향성이란 것은 무엇일까?

AI는 알고리듬에 의해 계산되므로 기본적으로 감정이 없고 중립적이라고 생각할 수 있다. 하지만 그 알고리듬 규칙을 배우는 과정에서 필요한 것은 바로 데이터이며, 이 데이터 자체가 부정확하거나 특정 영역에 편중되어 있을 경우 그 결과는 편향된 결과를 발생시킬수 있다. 즉 데이터 대부분이 백인의 데이터로 구성되어 있다면 백인 외 인종에게는 불리한 결과가 나올 수 있으며, 여성보다 남성 중심의 데이터로 구성되어 있다면 남성에게 좀 더 유리한 결과가 나올수 있다는 것이다.

이는 성별, 인종, 피부색, 민족 등과 같은 사람에 대한 정보뿐만 아니라 지역이나 종교 등 우리를 둘러싼 모든 환경 속의 데이터가 특정 영역에 편중될 경우 상대적으로 데이터가 부족한 영역에 속한 사람은 불리한 결과를 얻을 수 있는 것이다. 모든 이해관계자를 대표할 수 있는 데이터가 구성되어 있지 않을 경우 그 데이터를 기반으로 학습하고 판단하는 AI는 편견을 가질 수 있게 된다.

AI가 만드는 편견은 나와는 별로 상관없거나 아직은 피부에 와닿지 않는 이야기일 수도 있다. 그런데 과연 그럴까? AI 편견에 대한 아주 대표적인 사례 중 하나인 아마존(Amazon) AI 채용시스템의 여성 차별에 대한 사례를 살펴보자.

지금은 AI 시대

2015년 아마존은 남성 직원 수가 불균형적으로 많은 회사 중 하나였다. 따라서 AI 채용시스템에 활용된 데이터는 당연히 대부분 남성 직원의 데이터였으며, 이로 인해 AI 채용시스템은 남성이 더 나은 선택이라는 편견을 가지게 되었다.

예를 들어 이력서상에 '여성'을 언급했거나 '여성 체스 동아리' '여성 대학'과 같이 '여성'이라는 단어가 포함된 기관, 대학 등의 소속을 가지고 있으면 감점이 되도록 동작했다는 것이다. 학습데이터 구성 자체가 대부분 남성의 구성원이 가진 특징을 가지고 있었고, 결국 여성 차별 논란으로 아마존은 2018년 AI 채용시스템의 폐기를 결정했다.

편향된 AI 알고리듬으로 인해 발생하는 모든 문제의 원인은 데이터 자체가 세상을 대변하고 세상에 존재하는 편견과 편향이 학습데이터에 그대로 투영되는 데 있다. 어찌 보면 AI가 가지는 편견은 인간에게 물려받은 것이다.

따라서 데이터를 수집하는 방법과 알고리듬에 적용되는 데이터에서 편향성을 제거할 수 있다면 당연히 AI가 만들어내는 편향성 역시 줄이거나 없앨 수 있다. AI의 편향성을 해결하는 것은 이를 활용하는 기업에게는 사회적 책임이며, 기업의 편향성이 드러나는 순간 고객의 신뢰를 잃는 건 시간문제이다.

특히 소셜 미디어나 1인 미디어가 발달한 요즘 고객의 신뢰를 잃는 데는 많은 시간이 걸리지 않는다. 하지만 편향성 제거도 또 그렇게 간단한 문제는 아니다. 인위적으로 편향을 제거하려는 노력은 어찌 보면 그와 반대된 정보에 대한 또 다른 편향을 만들 수 있으며, 이는 또 다른 역차별이 될 수도 있기 때문이다. 따라서 AI 편견에 대해 우리가 할 수 있는 일은 책임 있는 AI 원칙을 염두에 두고 데이터와 알고리듬을 테스트하고 AI 시스템을 개발함으로써 이를 최소화하는 것이다.

‖ 일상 속 스며든 딥페이크와 위험성 ‖

그렇다면 AI가 만들어내는 거짓말이란 것은 무엇일까?

생성형 AI는 일종의 콘텐츠를 새롭게 만들어내도록 설계된 AI 모델로 AI 알고리듬을 통해 학습된 데이터셋을 통해서, 혹은 이를 모방해 다양한 유형의 콘텐츠들을 새롭게 복제해낸다. 이때 생성형 AI의 할루시네이션으로 인해 사용자의 의도와 상관없이 AI는 거짓말을 할 수 있다. 사람의 의도와 상관없이 잘못된 정보(Misinformation)를 사실처럼 만들어낼 수도 있다.

여기에서는 사람이 의도를 갖고 악의적으로 생성하는 허위 정보(Disinformation) 중에서도 가짜 뉴스(Fake News)에 대해서 이야기를 해보자.

2023년 5월 트위터에 미국 국방부 근처에서 대규모의 폭발이 발

AI-GENERATED FAKE IMAGE

2023년 5월 트위터에 미국 국방부 근처에서 대규모의 폭발이 발생한 것처럼 보이는 가짜 이미지가 소셜 미디어를 통해 공유되기 시작했다. 이는 가짜 뉴스가 사회를 불안정하게 할 수 있으며, AI를 여론조작을 비롯하여 다양하게 오용할 가능성에 대해서 충분히 설명이 되는 사건이다.

출처: AI-Generated Fake Image/Twitter

생한 것처럼 보이는 가짜 이미지가 소셜 미디어를 통해 공유되기 시작했다. 몇 분 만에 수많은 소셜 미디어 계정을 통해 가짜 사진이 공유되면서 혼란이 더욱 증폭되기도 했는데 단순히 가짜 뉴스로 끝난 것이 아니라 이로 인해 월스트리트 주식 시장이 잠시 하락했다.

여기서 문제는 주식 시장에 영향을 끼친 상황뿐만 아니라 AI가 사람들이 충분히 속을 만한 잘못된 정보를 생산할 수 있는 능력(이것을 능력이라고 해야 할지는 모르겠지만)을 갖췄다는 데 있다. 이 사건에 대해 블룸버그는 "아마도 시장을 움직이는 생성형 AI 이미지의 첫 번째 사례"일 것이라고 표현하기도 했다. 단순히 가짜 뉴스가 나오는 것을 넘어 이 뉴스들이 전파되고, 사회를 불안정하게 할 수 있으며, AI를 여론조작을 비롯해 다양하게 오용할 가능성에 대해서 충분히 설명해주는 사건이다.

진짜와 식별되지 않는 가짜를 만들어내는 이러한 기술을 딥페이크 기술이라고 한다. AI를 활용해서 사람의 얼굴, 신체, 목소리 등을 포함해 실제와 같이 조작한 이미지, 음성, 영상 들이 이에 해당하며, 안타깝게도 딥페이크는 믿을 수 없을 정도로 쉽고 빠르게 생성해낼 수 있다. 이로써 우리는 기존에 경험하지 못했던 AI와 관련된 위험들에 노출되기 시작했다.

구체적으로 딥페이크의 주요 기술들은 다음과 같은 것들이 있다.

딥페이크의 알고리듬은 동영상 속의 얼굴을 다른 사람 얼굴로 대체해서 그 사람이 동영상에서 말하거나 행동하는 것처럼 만들어낼 수 있다. 또한 사람의 음성 패턴을 분석하고 사람의 목소리로 새로운 오디오를 생성함으로써 사람의 목소리를 복제할 수 있다. 상당히 실제 같은 영상 전체를 만들어낼 수 있다.

이를 통해 잘못된 정보를 퍼뜨리고, 사람들을 속이고, 선의이든 악의이든 다양한 목적을 위해 설득력 있는 가짜 콘텐츠를 만들어낼 수 있다. 기업이나 기업가에게 문제가 될 만한 발언과 영상을 딥페이크로 만들어낼 수 있으며, 이는 지금껏 쌓아놓은 브랜드의 가치나 사람의 명성을 한순간에 파괴할 수 있다.

경영진이나 주요 위치의 인물들을 사칭함으로써 기밀정보나 금융거래에 대한 사기성 요청을 통해 금융사기를 벌이는 것 역시 가능하

지금은 AI 시대

다. 사람들 간의 오해의 소지가 있는 발언으로 조직의 신뢰를 무너뜨릴 수도 있다.

‖ 딥페이크로부터 살아남는 법 ‖

이러한 딥페이크로부터 우리 자신을 어떻게 보호할 수 있을까?

최근 금융 분야에서도 딥페이크 기술이 보이스피싱 사기에 많이 활용된다. 이에 대해 일리가 있는 흥미로운 의견이 있어서 소개를 해본다.

비대면 음성통화 커뮤니케이션에서 어떻게 상대방이 내가 아는 그 사람이 맞는지 확인할 것인지가 핵심 주제였다. 마치 우리가 웹사이트에 로그인 할 때 비밀번호를 입력하듯이 서로 간의 음성통화를 시작하기 전에 서로가 맞는지를 약속된 비밀번호나 주요 정보를 체크해야 한다는 주장이다. 영상통화의 경우도 아직은 100% 완벽하지 않은 딥페이크 기술의 허점을 이용해서 영상통화 시 상대방에게 얼굴을 돌려보라고 하거나 턱을 보여 달라고 하는 등의 절대 발생할 것 같지 않은 상황에 대한 요청을 하는 것이다.

왜 이런 엉뚱한 요청을 상대방에게 하라는 것일까? 그것은 바로 재미있게도 아직 딥페이크의 영상기술이 그만큼은 만들어내지 못하기 때문이다.

딥페이크로부터 자유롭기 위한 현실적인 움직임으로는 미국에서 2023년 7월 백악관 주관 모임에서 구글, 메타, 오픈AI를 비롯한 7개 업체가 AI 기술로 작성한 콘텐츠에 워터마크를 넣자는 데 합의한 내용도 사용자 안전 조치를 위한 합의로 볼 수 있다.

어쩌면 앞으로 우리는 온라인과 언택트 환경에서 서로가 진짜임을 더 이상 확신할 수 없는 세상을 마주할 수도 있다. 결국 진짜임을 확인하기 위해 다시금 얼굴을 마주하며 직접 만나는 아날로그 환경을 더 선호하는 시대가 올 수도 있을 듯하다.

AI 민주화로 데이터는
더욱 중요해진다

AI의 민주화란 기술적 배경에 상관없이 모든 사람들이
AI 도구 및 기술에 쉽게 접근하고 활용할 수 있어야 한다는 것이다.
그리고 누구나 AI 기술 혜택을 누릴 수 있는
AI의 민주화의 중심에는 사람이 있다.
모두를 위한 AI가 되어야 한다.

뜬금없이 역사, 정치도 아닌 AI 업계에서의 민주화란 무엇일까?

우선 민주화란 백성(民)이, 국민이 나라의 주인(主)으로서 모든 결정에서 중심이 되는(化) 것을 말한다. 그렇다면 AI의 민주화에서의 핵심은 무엇일까? 바로 사람이다. 사람을 중심에 두고 생각해보면 AI의 민주화를 위해 필요한 사항들과 왜 AI의 민주화가 필요한지 알 수 있다.

사실 AI 기술은 오픈AI의 챗GPT로 상당히 대중화가 되었다. 인공지능이란 말이 익숙하지 않아도 챗GPT는 들어볼 정도로 일반 사람들에게도 챗GPT는 익숙해졌다. 불과 얼마 전까지만 해도 AI 기업이라면 내부에 AI 관련 핵심 기술이 있어야 하고, 그 핵심 기술과 핵심 AI 엔진 등을 확보한다는 것은 상당한 시간과 경험과 노하우가 쌓여야 가능한 일이었다. 유능한 AI 관련 엔지니어들이 구성원이어야 함은 물론이다. 생각보다 진입장벽이 높았다는 뜻이다.

지금의 AI는 플랫폼 경제가 되려고 하고 있다. 생성형 AI, 초거대 AI라고 말하는 LLM은 AI 모델 사이즈가 커지면서 파운데이션 모델이라 표현하고, 이제는 AI는 도구(Tool)이자 전기와 같은 인프라(Infra)로 인식되고 있다. AI를 활용한 비즈니스 접근성이 과거보다 훨씬 좋아졌다. AI 기술은 오픈 소스 모델들, 진화된 AI 모델 및 학습 방법들이 등장하면서 대체적으로 상향평준화되었다. AI 기술 자체보다는 비즈니스 모델이 중요해졌고, 상향평준화된 AI 모델에 학습될 데이터는 더욱더 중요해졌다.

‖ AI 민주화를 위해 필요한 준비 ‖

AI의 민주화에는 사람이 중심에 있다. 즉 다르게 표현하자면 AI의 민주화란 모두를 위한 AI가 되어야 한다는 것이며, 기술적 배경에 상관없이 모든 사람들이 AI 도구 및 기술에 접근할 수 있어야 하며, 활용할 수 있어야 한다는 것이다.

지금은 AI 시대

그런 측면에서 AI 업계에서 현재 풀어야 할 다양하고 많은 문제 중에서 가장 큰 것 중의 하나는 AI 인재 부족에 대한 문제이다. AI 인재는 국가별로도 불균형이 심하며, 업계 내에서도 불균형이 심하다. 여기서 말하는 AI 인재는 실제 AI 모델에 대한 연구 개발에 대한 인원이다. AI가 실제적으로 비즈니스에 적용되기 위해서는 엔지니어, AI 개발자 외에도 AI 기술을 사업화할 수 있는 다양한 비개발 영역에 대한 인재가 필요하다. 비개발 영역에 대한 인재 역시 현재 부족한 상황이다.

오픈 소스 AI 모델들의 등장 및 AI 기술 자체의 보편적인 상향평준화로 AI 기술에 대한 민주화는 이미 시작되었다. 따라서 AI 기술 외에 갖춰야 하는 것들을 준비하는 것이 바로 AI 민주화의 시작이다.

어떤 준비들이 필요할까? 우선 AI를 활용한다고 할 때 가장 중요하게 언급되는 것은 데이터다. 조직 전체가 데이터에 접근 가능하고, 데이터를 잘 해석하고 분석할 수 있도록 하는 것이 중요한데, 빅테크 기업들이 클라우드 플랫폼에 API 기반 도구를 제공하면서 꼭 AI나 데이터 전문가가 아니더라도 일상적인 분석이 가능해졌다. 이는 데이터의 민주화로 볼 수 있다.

다양한 로우코드(Low Code), 노코드(No Code) 도구들의 등장 역시 AI의 민주화를 가능하게 했다. 여기서 로우코드는 코딩 지식은 있으나 비전문 개발자가 간단히 앱을 만들 수 있도록 해주는 것으로 최소한의 코딩 경험만 가지고 있더라도 개발이 가능한 환경을 제공한다. 노코드는 말 그대로 개발 지식이 전혀 없는 일반인이 템플릿만으로도 개발이 가능하도록 하는 것으로, 비즈니스 담당자가 ML 모델을 배포하거나 사전에 기구축된 내용을 활용해 AI 서비스나 제품 개발을 가능하게 한다.

이러한 환경들은 AI 활용의 진입 장벽을 낮추고, 기업 내 전사적인 도입을 가속화시킬 수 있다. 이를 통해 AI 기반 혁신에 도움을 줄 수 있다. 또한 비즈니스 영역에서의 대화형 AI(챗봇)의 발달로 기존 AI 기반 챗봇에 비해서 훨씬 활용도가 높아졌다. 코딩 전문 지식이 필요 없는 이것은 개발의 민주화라 할 수 있으며, 이는 도메인 전문

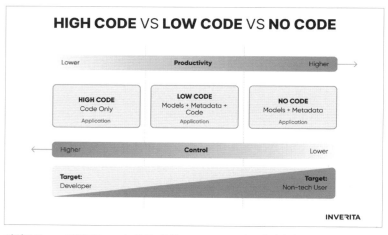

하이코드 vs. 로우코드 vs. 노코드. 하이코드(High Code)는 개발자가 프로그래밍 언어와 프레임워크를 사용해 수동으로 코드를 작성하는 것, 로우코드(Low Code)는 개발자가 최소한의 핸드 코딩만으로 어플리케이션을 개발하는 것, 노코드(No Code)는 전통적인 프로그래밍이나 기술 없이 어플리케이션을 만드는 것을 의미한다.

출처: Inverita

가의 AI로의 전환을 도울 수 있다.

그리고 이렇게 AI의 민주화가 이뤄지고 나면, 결국 차별화 및 경쟁력은 해당 산업군에서 비즈니스를 유지하며 쌓아온 데이터가 될 것이다.

데이터의 균형을 맞추는
합성데이터

합성데이터란 컴퓨터 시뮬레이션이나 수학적 알고리듬, AI 모델 등을 통해서
디지털 환경에서 만들어진 데이터다.
AI 모델의 성능과 신뢰성을 높이는 데 있어서
데이터 품질과 균형 및 다양성을 보장하며,
AI의 편향을 최소화하는 등의 중요한 역할을 한다.

약 10년 전부터 '데이터가 새로운 석유(Data is the new oil)'라는 기사와 칼럼이 등장하기 시작했다. 한편에서는 '데이터는 더 이상 새로운 석유가 아니다'라는 의견도 있다. 둘의 주장이 데이터에 대해 상반된 시각을 가진 것처럼 보이지만, 그 정도의 차이가 있을 뿐 데이터가 중요하다는 부분에는 이견이 없는 듯하다.

4차 산업혁명을 이야기하면서 빅데이터란 용어 역시 지겹도록 등장했다. 생성형 AI 시대, 그리고 AI 기술들의 상향평준화가 되면서 경쟁력을 가져야 하는 건 많은 데이터 이전에 좋은 품질의 데이터가

The Economist

Regulating the internet giants

The world's most valuable resource is no longer oil, but data

The data economy demands a new approach to antitrust rules

May 6th 2017 edition ›

"세계에서 가장 귀한 자원은 더 이상 석유가 아니라 데이터"라는 제목의《이코노미스트》기사. 데이터는 석유와 같이 수익을 창출하는 방법이자 실제 AI 기술과 함께 우리 삶을 개선할 수 있는 중요한 역할을 할 것이다.

출처:《이코노미스트》 2017.05.06.

중요하다는 것이며, 그런 측면에서 합성데이터가 어떻게 활용될 수 있는지 살펴보도록 하자.

‖ 사람이 만들지 않은 데이터 ‖

우리가 지금까지 데이터라고 불렀던 것은 주로 사람이 만들어낸 현실 속에서 만들어진 데이터(Real Data)이다. 사람이 인터넷 어딘가 글을 남기고, 이미지나 영상을 남기며, 우리가 사는 사회 시스템 내의 각종 장비들을 통해서 텍스트, 음성, 영상 등이 남는다. 이는 모두 사람을 통해 실제 만들어진 데이터이다.

반면 합성데이터(Synthetic Data)란 사람이나 환경 등을 통해서 실제 환경에서 수집되거나 측정된 데이터(Real Data)가 아닌 컴퓨터 시뮬레이션이나 수학적 알고리듬, AI 모델 등을 통해서 디지털 환경에서 만들어진 데이터를 의미한다. 실제 사람이 만들어낸 데이터는 아니지만, 실제 데이터의 패턴이나 속성들을 모델링해 생성되기 때문에 실제 데이터와 같은 예측 속성을 가지고 있다. 쉽게 생각해보면 챗GPT가 생성해낸 데이터 역시 AI 모델을 통해 만들어진 데이터이기 때문에 합성데이터라고 할 수 있다.

가트너(Gartner)는 2030년이면 합성데이터가 사람이 만들어내는 실제 데이터의 총량을 넘어설 거라 예상하기도 했는데, 2023년 11월 말 챗GPT의 등장과 함께 생성형 AI 시대가 되면서 그 시기는 2030년보다 훨씬 빨라질 것이라 예상된다. 그런데 왜 갑자기 합성데이터가 중요해지고, 더 많이 활용될 것으로 예상할까?

‖ 데이터 품질과 균형 및 다양성을 강화하는 합성데이터 ‖

다양한 AI 기반 서비스들이 활발하게 개발되기 위해서는 해당 서비스에 활용될 AI 모델들의 학습데이터가 중요하다. 모델 트레이닝을 위한 고품질의 데이터셋을 대량으로 확보하기 위해서 실제 환경이나 사물에서 데이터를 수집하고, 정제하고, 가공하는 데에는 많은 시간, 노력, 비용이 필요하다.

그런데 합성데이터는 생성하기도 쉬우며, 기존의 수집, 정제, 가공에 대한 시간 역시 거의 소요되지 않는다. 생성 자체도 빠르며, 저렴하고, 정확하다. 데이터 자체도 실제 데이터를 보완하는 역할을 하면서 실제 데이터와의 불균형을 제거할 수 있으며, 금융이나 의료 등과 같이 익명화된 데이터가 매우 중요한 도메인에 대해서도 개인정보 보호 측면에서도 훨씬 자유롭다. 데이터의 중복, 편견, 부정확성과 같은 데이터 문제점 역시 해결할 수 있다.

이를테면 특정 배경이나 종교, 피부색, 성별에 대한 데이터 샘플에서 특정 데이터가 과도하게 많거나 혹은 과소하게 적을 경우 AI 시스템은 차별적인 결정을 할 수 있다. 물론 이상적으로는 편견 없이 사람들은 인종, 성별, 종교, 성적 지향에 관계없이 평등한 기회를 누릴 수 있어야 한다. 그런데 가트너의 AI 윤리의 4단계에서 설명하길 인공지능에 필요한 학습데이터가 수집되는 현실 세계 자체가 다양한 편향성을 가지고 있고 그 현실 세계는 데이터로 투영되면서 편향성이 생길 수밖에 없다는 것이다. 따라서 AI의 편향성은 앞으로 AI 기반 시스템이 많아질수록 직면하게 될 문제이며, 이는 다양한 방식으로 사람들에게 영향을 줄 것이다. 취업 면접 기회 자체가 박탈될 수도 있으며, 은행이 대출 신청을 거부할 수도 있다. 심지어 법 기관

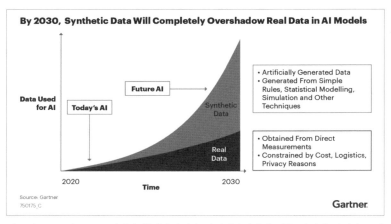

가트너(Gartner)는 2030년이면 합성데이터가 리얼데이터의 총량을 넘어설 것이라고 예상했다.

출처: Gartner

의 감시 대상이 될 수도 있다.

AI의 편향성은 편향된 데이터에서 발생할 수 있다. 이는 AI 알고리듬이 아닌 실제 세상에서 사람들이 만들어낸 편향된 데이터에서 나오는 것이다. 따라서 데이터가 알고리듬에 적용되기 전에 데이터에서 편견을 제거해야 하며, 그 편견을 제거하는 키가 바로 합성데이터인 것이다.

이와 관련해서 오픈AI AGI 구축의 핵심 알고리듬이자 수학적 능력향상을 위해 강화학습에서 AI가 훈련하는 과정을 수학적 모델링을 통해서 개선하는 데 활용중이라는 Q-스타(Q*) 프로젝트에서도 합성데이터에 대한 언급이 있다. Q-스타 프로젝트가 저작권 이슈를 헷징하고, 자급자족이 가능한 AI 트레이닝 프로세스를 확립하는 데

지금은 AI 시대

합성데이터가 큰 역할을 할 수 있다는 것이다. 합성데이터의 생성과 이 데이터에 대한 정확한 평가를 통해서 재귀적 자기 개선(Recursive Self-improvement)을 할 수 있게 되면 이는 인간 통제를 벗어나서 고급 합성데이터를 생성해 데이터 부족 문제도 해결하고 AGI 개발의 돌파구도 마련할 수 있다는 것이다.

초거대 AI, 생성형 AI 시대에 오히려 고품질의 좋은 데이터는 부족하다는 요즘, 합성데이터는 어떤 형태로든 AI의 발전에 큰 역할을 할 것이다.

진정한 초개인화는
데이터에서 만들어진다

진정한 초개인화는 AI를 활용해 빅 데이터 분석과 함께
실시간 데이터 및 개별 여정 지도를 사용해 상황에 맞는
맞춤형 콘텐츠, 제품 또는 서비스를 올바른 사람에게,
올바른 메시지로, 적절한 타이밍에 전달하는 것이며,
고객의 행동 및 실시간 데이터까지 활용하면서
고객과 관련성이 높은 상황에 따라 커뮤니케이션하는 것을 말한다.

생성형 AI 시대의 대표주자인 챗GPT가 전 세계적으로 유행할 때 가장 많이 받았던 질문은 "이제는 초개인화가 가능해지는 건가요?"였다. 챗GPT가 마치 사람처럼 감정이 있는 듯 질문에 답변을 하기도 하고, 상당히 광범위한 분야의 질문에 대해서도 곧잘 대답을 할 수 있었기 때문이다. 이때 내 대답은 "초개인화는 AI 기술 자체보다는 AI 기술이 활용할 데이터가 훨씬 중요합니다. 따라서 초개인화의 핵심은 데이터에 있어요"였다.

‖ 개인화와 초개인화 ‖

흔히 '초개인화'를 이야기하면, '개인화'를 말하는 것이냐고 재차 질문하곤 한다.

개인화와 초개인화를 간단히 구분하자면, 먼저 개인화는 고객의 이름, 나이, 소속, 구매내역 등과 같은 개인정보 및 거래 정보를 기반으로 커뮤니케이션하는 것이다.

반면 초개인화는 한 단계 더 나아가 고객의 행동 및 실시간 데이터까지 활용하면서 고객과 관련성이 높은 상황에 따른 커뮤니케이션을 하는 것이다. 여기에는 개인의 취향, 특정 상품에 대한 검색 및 구매 내역, 웹 사이트 또는 모바일 앱에서의 사용자 활동 내역, 콘텐츠를 소비하는 데 소요된 시간, 선호 채널, 고객이 가장 활발하게 활동하는 시간 등의 데이터가 해당된다. 생성형 AI는 사람의 감정과 언어를 잘 모방하기 때문에 해당 사용자 고유의 정보와 결합해 더 매력 있는 콘텐츠들을 생성할 수 있다.

‖ 초개인화의 핵심, 데이터 ‖

초개인화는 데이터가 핵심이다. 생성형 AI 기술은 도구로써 활용되어 좀 더 효과적으로 고객과 커뮤니케이션 할 수 있도록 콘텐츠들을 텍스트화하도록 도울 수 있다. 이는 고객을 위한 초개인화 서비스를 기존에 없었던 새로운 수준으로 끌어올릴 수 있으며, 또한 이를 대규모로 생성해낼 수 있다. 각 고객의 관심 사항에 맞춰 특별하게 맞춤화된 콘텐츠와 고객의 검색 행동이나 위치 기반으로 고객과 자연스럽게 대화를 나누고, 과거 대화 이력을 기억해 맞춤형으로 지원하고, 제품 추천을 할 수 있다고 한다면, 이는 최고의 초개인화 서비스가 될 수 있다. 또한 방대한 데이터를 기반으로 고객의 미래 행동과 성향 변화를 예측해 고객 맞춤의 개인화된 제안을 하고, 가장 효과적인 마케팅 채널과 시기를 예측할 수 있다.

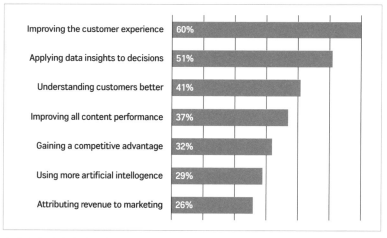

초개인화 전략의 최우선 순위로는 고객 경험을 개선하고 데이터 통찰력을 의사결정에 반영하는 것을 꼽았다.

출처: Ascend2.com

지금은 AI 시대

그렇다면 초개인화에 필요한 데이터 전략은 어떻게 가져가야 할까? 고객이 정말로 관심을 가질 만한 제품, 서비스, 또는 콘텐츠를 파악할 수 있는 데이터를 확보하는 것이 우선이다. 고객 스스로 가치 있는 대우를 받고 있고, 이해받고 있다는 느낌을 가질 수 있도록 고객의 충성도를 높일 수 있는 데이터를 확보해야 한다.

초개인화를 위한 데이터 전략은 고객의 데이터만 무조건 수집한다고 해서 초개인화가 되는 것은 아니며, 고객의 제품 및 서비스를 경험하는 여정을 제대로 이해하고 존중할 때 제대로 된 데이터 전략이 나올 수 있다. 고객의 데이터를 확보하고 운영하는 데 있어서도 고객으로부터 지속적으로 피드백을 받을 수 있는 파이프라인과 채널 구축 역시 초개인화의 수준을 높이는 데 매우 중요한 요소가 될 것이다.

AI 기술이 경제 환경을 변화시키는 주요한 주체가 되었으며, 지금 우리는 AI 기술이 부의 흐름, 부의 지도를 바꾸는 시대를 살고 있다. AI 기술 혁신으로 일의 본질과 사는 방식이 바뀔 것이라 한다. 그것은 기존의 견고했던 산업 지도 역시 바뀔 것이란 의미이며, 이미 글로벌 기업들은 바뀐 세계에서 살아남을 생존 전략 구상과 세계 시장에서의 주도권을 차지하기 위한 경쟁을 치열하게 벌이고 있다.

2부

미래 부의 지도

엔비디아 CEO 젠슨 황이 'World Government Summit 2024'에서 한 한 마디가 화제다. "아무도 프로그래밍을 할 필요가 없고, 프로그래밍 언어를 사용할 수 있도록 만들겠다." 미래에 사라질 직업에 대한 우려는 과거부터 계속된 묵은 주제이며, 기술 발전에 따른 변화는 불가피하다. 젠슨 황은 "AI의 발전은 단순한 직업 선택의 문제를 뛰어넘는 영역"이라고 말하기도 했다. 챗GPT는 우리에게 일의 본질에 대해 고민하게 했고, AI의 능력은 이미 '사람 같은 척'을 넘어선 상태이며, 이제 본격적인 AI 에이전트 시대가 다가오고 있다.

5장

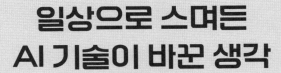

일상으로 스며든
AI 기술이 바꾼 생각

AI에 일자리를 빼앗긴다는
묵은 주제

역사적으로 산업의 발전과 새로운 기술의 등장으로
직업은 어떤 이유에서든 변화하거나 사라졌다.
개발자의 몸값이 천정부지로 오른다는 것이 불과 1년 전 일인데,
엔비디아 CEO 젠슨 황은 지금은 컴퓨터공학 전공을
선택할 시대가 아니라고 한다. 결국은 당신에게 달린 문제다.

2023년 11월 30일 챗GPT가 오픈AI를 통해 공개된 이후 대한민국은 매일 챗GPT 관련 뉴스 기사를 읽는다고 해도 과언이 아닐 정도이다. 우리는 거의 매일 새로운 인공지능 기술과 비즈니스에 대한 뉴스기사를 접했다. 그리고 이 챗GPT의 공개로 얼마나 많은 일자리가 AI로 대체될 수 있는지에 대한 논의 역시 다시 불이 붙었다.

우리는 2016년 알파고가 바둑에서 인간을 이긴 그 순간, AI가 인간을 대체할 수 있다는 우려가 유행처럼 번져가던 것을, 그리고 AI로 사라질 직업의 순위에 대한 논의까지 이미 모두 경험했다. 다행

히도 그때의 AI는 그다지 위협적이지 않았으며, 보편적인 기술 중 하나로 인식되는 것으로 일단락되었다.

그리고 다시 한번 지금 챗GPT를 통해 AI가 사람의 능력을 넘어설 시기를 예측하기 시작했다. 그것은 보이지 않았지만 마치 사람처럼 여겨졌기 때문이다. 그것은 사람처럼 질문에 대한 뉘앙스와 맥락, 거기다 개념적인 문제까지 이해하고, 해답을 찾아갔다.

‖ 젊은것들은 어느 시대에나 버릇이 없다 ‖

AI는 내 일자리를 위협하고 있는 것일까?

이 주제는 그리 신선한 주제는 아니다. 그것은 마치 '요즘 젊은것들은 버릇이 없어'와 같은 주제에 불과하다.

여기서 말하는 '요즘 젊은것들'의 요즘은 정말 바로 어제오늘, 요즘만 해당될까? 기원전 425년경 그리스 철학자 소크라테스가 언급했다는 설도 있지만, 이보다 더욱 앞선 기원전 1700년경 수메르 시대에 나온 점토판에 쓰인 문자를 해독했더니 비슷한 이야기가 적혀 있었다고도 한다. 실제 1949년 《아메리칸 오리엔탈 소사이어티 저널》이란 학술지에 발표되었다고도 한다.

정리하자면 '요즘 젊은것들'은 어느 시대든 존재했으며, 늘 젊은것들은 버릇이 없었다는 것이다.

미래 부의 지도

‖ 요즘 젊은것들과 미래에 사라질 직업의 공통점 ‖

내 일자리, 내 직업이 없어진다면, 내 직장이 없어진다면 그것은 AI 때문일까?

물론 그럴 수도 있을 것이다. 또는 그렇지 않을 수도 있다. 인터넷에서 '미래에 사라질 직업'이란 키워드로 검색해보면 무려 1994년 뉴스 기사에도 기술의 발전에 따라 위축되거나 사라질 직업이 있었다. 그리고 그 기사들은 아울러 앞으로 성장할 직업, 그리고 새로 생길 직업까지 예상하고 있다.

사실 그 이전으로 가면 1865년 영국의 붉은 깃발법(Red Flag Act)을 언급하지 않을 수 없다. 영국에서 자동차의 등장으로 사라질 위기에 처한 마부들의 일자리를 지켜주기 위해 무려 35년간 유지된 법이다. 이로 인해 영국은 최초로 자동차를 상용화했지만 스스로 자동차 산업을 포기한 나라가 되었다. 그렇게 지키고자 했던 마부란 직업도 결국은 시간이 흘러 사라졌다.

역사적으로 산업의 발전과 새로운 기술의 등장으로 직업은 어떤 이유에서든 변화하거나 사라졌다. 단지 그 속도를 늦출 뿐, 궁극적인 방향을 거스르거나 바꿀 수는 없었다. 이번 챗GPT의 등장으로, 생성형 AI의 등장으로 과거에 그랬듯 많은 일자리는 사라지거나 변화할 것이다. 다만 이번에는 그 규모나 영향 범위가 훨씬 넓어질 수 있다. 여기서 중요한 점은 일자리를 빼앗길 수 있다는 사실로 인해

AI의 발전을 멈출 수 있거나 늦출 수 있는 것은 아니라는 것이다.

특히 흥미로운 점은 자동화가 가능한 단순 반복적인 업무의 일자리만 위험한 것이 아니라는 것이다. AI가 인간보다 훨씬 빠르고 정확하게 분석할 수 있는 업무는 높은 지식과 기술을 필요로 하는 일자리라도 위험할 수 있다.

세상의 변화에 따라
직업을 구성하는 일의 본질이 바뀐다

우문우답(愚問愚答), 현문현답(賢問賢答) 하는 챗GPT.
챗GPT는 직업이 아닌 일의 본질에 대한 고민을 우리에게 던졌다.
즉 문제를 푸는 것은 AI의 영역이며,
우리가 잘 해야 할 것은 AI에게 던질 문제에 대한 발굴과 정의이다.
일하는 방식의 변화에 대한 고민을 해야 한다.

다시 한번 1990년대로 돌아가 1998년의 뉴스 기사를 살펴보자. 평생직장이란 말은 옛말이 된 지 오래이며, 평생 직업을 보장하기 위해 국가적인 차원에서도 재취업을 위한 직업훈련이 필요하다는 내용을 찾을 수 있다. 익숙한 담론이 아닌가.

요즘 상황으로 바꿔 표현해볼 수 있다. 4차 산업혁명으로 새로운 기술을 통한 산업 간의 융복합이 일어나면서 산업과 업종 간의 경계가 급속도로 사라지는 빅블러 시대를 맞았다. 이 시대에 인공지능은 다양한 산업 분야에 폭넓게 적용되는 기술로서 의사는 인공지능을 공부하고, 개발자는 인문학을 공부해야 하는 시대가 되었다.

시대가 변화하고 발전할 때마다 새로운 도구들이 어김없이 등장했으며, 우리는 매번 그 새로운 도구의 사용법을 배워야 했다. 주판으로 계산하던 시절이 있었으며, 어느 순간엔 계산기를 활용했고, 지금은 다양하고 복잡한 계산을 위해 다양한 소프트웨어의 기능을 배워야 한다.

‖ 1997년 인터넷 정보 검색사, 그리고 2023년 프롬프트 엔지니어 ‖

2000년대 초반에는 인터넷 검색 서비스를 하는 포털 회사들이 국내외 많이 있었다. 각 인터넷 정보 검색 서비스마다 검색엔진의 특징들이 다르기도 했고, and, or와 같은 연산자들을 잘 조합해서 검색해야만 검색 결과가 제대로 나왔고, 원하는 검색 결과를 빠르게 얻을 수 있었다.

이때 인터넷 정보 속에서 원하는 정보와 최신 정보를 빠르게, 그리고 효과적으로 찾을 수 있는 전문적인 정보검색 능력을 갖춘 인력이 필요해졌다. 그렇게 탄생한 인기 직업이 바로 1997년도에 최초 공인인증 시험을 시작한 인터넷 정보 검색사이다. 지금은 웹 검색이 너무나 일상적이고 누구나 할 수 있는 업무일 뿐이지만, 25여 년 전에는 전문 직종이라고 생각했다.

미래 부의 지도

2022년 11월 30일, 오픈AI는 GPT-3의 대화형 모델인 챗GPT를 발표한 뒤 단 5일 만에 100만 사용자라는 기록을 세운다. 참고로 100만 사용자를 달성하는 데 넷플릭스는 3.5년, 인스타그램은 2.5개월, 아이폰이 74일이 걸렸다. 또한 챗GPT는 전 세계 IT 및 AI 업계에서 영향력 있는 사람들을 흥분시키며 챗GPT에 대한 열띤 대화들을 이어가도록 했다.

챗GPT는 초거대 언어 모델, 파운데이션 모델, 생성형 AI 등 다양한 수식어로 설명할 수 있는데, 사용법은 매우 단순하다. 오픈AI의 챗GPT 사이트에 접속하면 흔히 메신저에서 볼 법한 대화가 가능한 사각형 박스의 입력창이 있다. 우리는 챗GPT에 원하는 바 또는 궁금한 바를 입력한다. 검색엔진에 하던 질문에 대한 답은 물론이며, 이메일 메시지, 소설, 시, 가사, 마케팅 메시지 등 뭐든 요청한 대로 작성해주고, 긴 글을 요약해주기도 한다. 질문에 대한 다양한 의견도 마치 사람이 답을 한다고 착각할 정도로 유창한 문장력을 자랑하며 답변을 한다.

챗GPT의 정체는 문과생일까? 그건 또 아니다. 20여 개가 넘는 프로그래밍 언어도 문제없이 개발자처럼 실행 가능한 코드를 만들어내기도 한다.

그리고 이 챗GPT와 관련된 새로운 직업(Job)이 나타난다. 바로 프롬프트 엔지니어이다. 질문을 잘해야만 좋은 성능의 답변이 나오고, 또 좋은 성능의 답변이 나오도록 하기 위해서는 이 챗GPT에게 학습을 잘 시켜야 하는데, 그 역할을 하는 직업이 바로 프롬프트 엔지니어이다. 여기서는 프롬프트 엔지니어링 기법들을 다루진 않겠지만, 프롬프트 엔지니어가 왜 갑자기 부각되었는지는 좀 더 설명이 필요할 것 같다.

AI 프롬프트 엔지니어링이란 AI 모델이 어떻게 답변을 할 것인지 안내하는 프롬프트와 지침을 설계하는 작업을 포함하는데, AI 모델에게 특정 콘텍스트, 제약 조건 또는 목표 등을 제공해 답변(출력)에 반영될 수 있도록 하는 것을 목표로 한다. 이 과정에서 AI 모델을 미세 조정을 하고 더 많은 제어를 할 수 있도록 해서 좀 더 정확하고 안정적인 답변을 할 수 있도록 하는 것이다. 물론 AI 모델의 의사 결정 프로세스 또한 명시적으로 지시함으로써 편향되거나 차별적인 결과의 위험을 낮추는 작업도 필요하다. 그리고 대부분 범용적인 모델이므로 각 비즈니스 또는 산업에 필요한 고유한 요구 사항을 충족할 수 있도록 하는 역할을 한다.

이런 이유로 미래의 직업 순위 1위, 연봉 순위에서 상위 랭킹이 되기도 하는 직업이 되었다. 하지만 그럼에도 불구하고 프롬프트 엔지니어 역시 여러 가지 이유로 일시적인 유행일 수 있다는 주장도 제기된다. 그 이유는 당장의 챗GPT와 같은 인터페이스도 앞으로는 좀 더 직관적이고 사람의 언어인 자연어 이해를 잘 하는 AI 시스템이 등장할 것이므로 세심하게 설계된 프롬프트의 필요성은 당연히 줄어들 것이므로, AI 자체에서 프롬프트 엔지니어링이란 영역 자체도

미래 부의 지도

쓸모가 없어질 수 있는 것이다. 나타난 지 얼마 되지도 않았는데 곧 사라질 직업이 될 수도 있다는 것이다.

‖ 우문우답(愚問愚答), 현문현답(賢問賢答) 하는 챗GPT ‖

여기에서 그러면 핵심은 무엇일까? 그것은 아마도 문제를 제대로 식별하고, 분석하고, 설명할 수 있는 능력일 것이다. 문제를 푸는 것은 AI가 충분히 도와줄 수 있는 영역이 될 것이며, AI가 해결해야 하는 문제의 핵심을 파악하는 능력, 문제 정의가 중요해질 것이다.

우리는 지금 어떤 직업이 사라지고 생겨날 것인가에 초점을 맞추고 있지만, 더 중요한 것은 일하는 방식의 변화에 대한 고민을 하는 것이다. 직업의 역할이나 미션을 구성하는 서브태스크들의 구성 및 중요도가 AI로 인해 많이 바뀌게 될 것이란 것을 인식하는 것이 중요하다. 이 변화의 흐름을 빨리 감지하고 준비하는 사람에게 좀 더 많은 기회가 올 것이다. 질문을 바꿔야 한다. 챗GPT는 우문(愚問)에는 우답(愚答)으로, 현문(賢問)에는 현답(賢答)으로 답할 것이다.

AI는 인간을 어디까지
모방할 수 있을까?

AI는 앞으로 사람의 행동과 생각을 모방해 서로 의견을 주고받고,
스스로 내일을 계획하고, 지난 과거를 기억하고 반성할 수 있게 될 것이다.
이미 요즘 AI 기술은 '사람 같은 척' '아는 척' '슬픈 척' 등
맡은 역할에 대한 탁월한 연기력을 가졌다.
AI 에이전트 시대가 우리를 기다리고 있다.

챗GPT가 불 붙인 생성형 AI의 여러 연구 중 단순히 AI가 인간과 같이 글을 쓰고 그림을 그리는 것과 같은 창작의 영역 외에 어디까지 모방할 수 있을까에 대한 매우 흥미로운 연구논문이 있다.

구글과 스탠퍼드 대학의 논문에서 챗GPT를 활용해 마치 게임 속 세상과 같은 스몰빌(Smallville)이라는 세상을 만들고 이곳에 살고 있는 캐릭터들을 만들었다. 이러한 생성형 AI 기반의 에이전트(봇)에는 각각의 페르소나가 사전 정의되어 있고, 아침 기상, 서로 간의 상호 교류, 파티 참석과 같은 일상의 루틴을 따라하게 된다.

미래 부의 지도

‖ AI 에이전트의 하루 일과 ‖

　실제 사람과 같이 생성형 AI 기반의 에이전트들은 총 25개(25명이라고 해야 할지 잠깐 고민했다)이며, 성격, 선호도, 기술, 목표를 갖고 있다. 또한 과거의 경험을 기억하고 현재 상황을 반영할 수 있도록 되어 있다. 이를 통해 행동을 하고, 이벤트에 반응하면서 각 에이전트의 경험이 점점 풍부해지도록 되어 있다. 물론 사람과 같은 자연어를 사용해서 상호 교류를 하며, 서로의 상호작용과 주변 환경에 따라 각 에이전트의 시나리오가 발전한다.

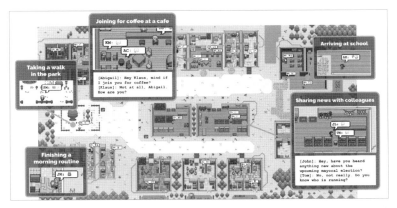

이 논문을 통해서 각각의 거대 언어 모델들이 에이전트로서 역할을 하면서 서로 고유의 역할을 갖고 상호 소통하는 것이 가능한 것을 확인할 수 있다. 앞으로 게임이나 메타버스에서 생성형 AI를 활용한 NPC나 등장 캐릭터들로 인해 훨씬 더 혁신적인 사용자 경험과 서비스를 제공할 수 있을 것으로 기대된다.

출처: Generative Agents: Interactive Simulacra of Human Behavior

https://arxiv.org/abs/2304.03442 논문

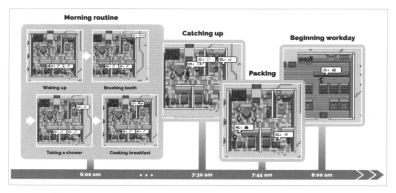

에이전트 존 린(Jone Lin)의 오전 일과가 어떻게 진행되는지 보여준다.

　예를 들면 생성형 AI 에이전트인 존 린(Jone Lin)은 오전 6시쯤 일어나 양치질, 샤워, 아침 식사 등의 아침 일과를 하고, 밖으로 나가기 전에 잠시 아내 메이와 아들 에디를 만나고 하루 일과를 시작한다. 사람과 같은 자연어를 사용하며 AI 에이전트의 경험 전체를 기록하는 아키텍처를 사용하고 있다. 아키텍처는 관찰, 계획, 반영이라는 3가지 주요 요소로 구성되는데 이러한 구성 요소는 에이전트의 성격, 선호도, 기술 및 목표를 반영하는 현실적이고 일관된 동작을 생성할 수 있도록 한다.

　이사벨라(Isavella)는 발렌타인데이 파티를 열 계획인데 이에 대한 확산 경로를 살펴보면 시뮬레이션이 끝날 때까지 총 12명의 AI 에이전트가 홉스카페(Hobbs Cafe)에서 열릴 파티에 대해서 듣게 된다.

　생성형 AI 기반의 에이전트들은 일어나 아침에 요리하고 출근을 한다. 예술가는 그림을 그리며, 작가는 글을 쓴다. 그들은 서로 의견

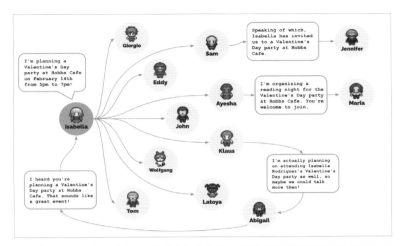

이사벨라(Isavella)의 발렌타인데이 파티에 대해 총 12명의 AI 에이전트가 열릴 파티에 대해서 듣게 된다.

을 형성하고, 서로를 알아차리고, 대화를 한다. 그리고 다음 날을 계획하면서 지나간 날들을 기억하고 반성하기도 한다.

‖ 생성형 AI 기반 에이전트에 대한 기대감 ‖

이러한 연구를 통해 생성형 AI 기반 에이전트가 교육을 비롯해 다양한 분야에서 활용할 수 있다는 가능성을 볼 수 있다. 대규모 언어모델 LLM을 대화형 AI 에이전트와 융합한 위와 같은 연구는 AI 기술의 활용 범위가 단순히 정적이고 수동적인 창작 영역에 국한되지 않을 것이란 것을 보여준다. 앞으로 인간의 행동까지 모방한 AI 에

이전트의 등장이 머지않았다는 것을 알 수 있다.

또한 다수의 에이전트들이 서로 상호작용하면서 공동의 목표를 달성하도록 함과 동시에 학습하고 운영 가능하게 하는 멀티-에이전트 강화학습(Multi-Agent RL) 연구 분야가 LLM의 등장으로 한번 더 진화할 수 있을 것으로 기대된다.

인공지능은
나의 경쟁자인가?

정보는 넘치고 기술은 놀랍게 발전하지만, 이런 시대에 인간은 어쩌면
퇴화하고 있는 듯 보인다. 이때 등장한 챗GPT는 우리에게 화두를 던졌다.
'질문의 중요성'과 '생각하는 힘'에 대한 것이다.
인공지능을 경쟁자로 두고 평생 경쟁해야 할까?
아니면 내가 유용하게 활용할 도구로 두어야 할까?

우선 인공지능을 의인화해 경쟁자라 부르는 것은 적절하지 않다.
오죽하면 마이크로소프트가 오토파일럿(Autopilot)이 아니라 코파일
럿(Copilot)이라고 제품명을 정했겠는가. AI와 경쟁한다기보다 어떻
게 AI를 잘 활용할 것인지를 고민하는 것이 필요하다. 그럼에도 불
구하고 질문에 대한 답을 하자면, 현재의 챗GPT가 당장 나의 경쟁
자가 되지는 않을 것이다. 여전히 잘못된 정보를 이야기하고, 아직
다양한 산업군에 대한 지식이 부족하며, 풀어야 할 이슈들이 있기
때문이다. 하지만 몇 가지 생각해볼 필요가 있다.

‖ 챗GPT가 쏘아올린 공, 인공지능과의 공존 ‖

　첫째, 인공지능 자체가 경쟁자가 된다기보다는 인공지능을 잘 활용하는 사람이 경쟁자가 될 수 있다. 예를 들어, 현재 오픈AI는 마이크로소프트의 투자를 받고 있으며, 마이크로소프트는 자신들의 파워풀한 생산성 도구들에 오픈AI의 챗GPT와 같은 인공지능 기술들을 넣고 있다. 즉 마이크로소프트가 며칠 전 출시한 마이크로소프트 365 코파일럿 서비스에 적용된 AI는 당장 우리가 배우고 잘 활용해야 할 도구가 되었다는 의미이다.

　이미 챗GPT의 사용자 인터페이스도 익숙하고 편리했지만, 이제는 인공지능을 엑셀이나 파워포인트처럼 좀 더 지능화된 애플리케이션 도구로 사용할 수 있어야 한다. 분명 인공지능을 도구로 잘 활용할 수 있다면 일의 속도와 결과물의 품질이 달라질 것이다. 현재 인공지능을 어떻게 활용할 수 있는지 잘 이해하고 활용할 때 경쟁력 있는 사람이 되는 것은 분명하다.

　둘째, 챗GPT의 특성을 이해한다면, 이것을 사용하는 사람이 질문하는 대상에 대한 큰 맥락과 흐름에 대한 이해를 갖춰야만 한다는 사실을 알 수 있다. 챗GPT는 질문을 어떻게 하느냐에 따라 답변의 품질이 매우 달라진다. 포괄적이거나 두루뭉술한 질문에는 답변이 구체적일 수 없다. 단락의 구성이나 표 등 표현하는 방식이나 질문에서의 지시사항이 구체적일수록 좀 더 정돈된 답변을 얻을 수 있다.

또한 잘못된 정보를 그럴듯하게 잘 만들어내는 챗GPT의 할루시네이션을 잡아내기 위해서는 질문자가 질문하려는 주제에 대한 기본적인 상식이 필요하다. 즉 경험이 많고 전문지식이 풍부한 리더가 조직의 팀 구성원에게 정확하게 업무를 지시할 수 있듯이, AI에게 정확하게 필요한 내용에 대한 업무지시를 하기 위해서는 나름의 전문성을 갖춰야 하는 셈이다.

‖ 챗GPT가 일깨운 질문과 생각의 가치 ‖

챗GPT도 수많은 인공지능 서비스 중의 하나지만, 챗GPT를 잘 활용하기 위해서는 무엇보다 질문을 잘하는 것이 중요하다. 그것은 어찌 보면 요즘같이 정보가 넘쳐나는 시대에 인간에게 진짜 필요한 능력은 질문하고 생각하는 힘이라는 것을 상징적으로 보여주는 것 같기도 하다.

우리의 일자리를 위협하는 진짜 실체는 무엇일까? 어쩌면 우리의 일자리를 위협하고 있는 것은 변화를 주저하거나 두려워하는 우리 자신일 수 있다. AI가 업무에 어떤 영향을 미칠지 걱정된다면 최선의 방어책은 AI를 활용하는 방법을 배우는 것이다.

챗GPT에게 던진 직업 관련 질문에 대한 다음의 답변을 보고, 어떻게 미래를 준비해야 할지 고민해보자.

AI가 내 직업을 위협하고 있는 걸까요?

 AI 기술의 발전으로 인해 일부 직업들은 변화나 대체의 위협을 받고 있습니다. 특히 반복적이고 예측 가능한 업무를 수행하는 직업들이 그렇습니다.

하지만 AI가 모든 직업을 대체할 수 있는 것은 아닙니다. 인간의 창의성과 상호작용, 미덕, 인간의 지각과 판단력, 감성과 심리적 지지 등과 같은 측면에서 인간은 아직까지 AI보다 뛰어납니다. 따라서 AI는 인간의 역량을 보완하고 새로운 일자리를 창출할 수 있는 도구로 사용될 수 있습니다.

그러나 AI가 직업을 대체할 가능성이 있는 직종에서 일하고 있다면, 해당 직종에서 요구되는 기술과 역량을 학습하고, 지속적으로 자기계발을 해 나가는 것이 중요합니다. 새로운 기술에 적극적으로 대응하고, 인간만의 강점을 발휘할 수 있는 분야에서 성장할 수 있도록 노력하는 것이 필요합니다.

 직업이란 미래에 어떤 의미를 가질까요?

 직업이란 미래에도 여전히 인간 생활의 중요한 구성 요소 중 하나일 것으로 보입니다. 하지만 지금까지의 직업의 형태와 내용이 변화할 것으로 예상됩니다. 기술 발전과 노동 시장의 변화, 인구 구조 변화 등 다양한 요인들이 직업의 미래를 형성할 것입니다.

우선, 인공지능과 자동화 기술의 발전으로 일부 직업은 자동화되어 사라질 수 있습니다. 반면에 인공지능을 다루는 기술과 관련된 새로운 직업들이 출현할 것으로 예상됩니다. 또한 지속적인 글로벌화와 디지털화에 따라 새로운 직업들이 등장할 것이며, 이러한 직업들은 기존 직업과 함께 혼재할 것입니다.

직업은 또한 인구 구조 변화와 관련하여 변화할 것입니다. 고령화 사회가 되면서 노년층의 일자리 창출과 관련된 새로운 직업들이 출현할 것으로 예상됩니다. 또한 여성들의 사회 진출과 창업 활동이 더욱 활발해질 것으로 예상되므로, 이에 대응하는 직업들도 등장할 것입니다.

직업의 미래를 예측하는 것은 쉽지 않습니다. 하지만 기술 발전, 인구 구조 변화, 사회적 변화 등의 요인들을 고려하면서, 적극적인 자세로 미래에 필요한 역량을 쌓아나가는 것이 중요합니다. 따라서 산업 분야나 전공 분야와 상관없이, 다양한 분야에서 필요한 기술과 역량을 습득하고, 융합적인 사고력과 창의성을 갖추는 것이 중요합니다.

미래 부의 지도

일하는 방식을 바꿀 타이밍,
AI가 일하게 하라

능서불택필(能書不擇筆). 글씨를 잘 쓰는 명필은 붓을 가리지 않는다.
그런데 AI 시대에는 오히려 명필은 붓을 가려야 한다로 바꿔야 할 것 같다.
생성형 AI가 우리의 삶과 일하는 방식을 송두리째 바꾸고 있다.
이런 시대에 AI를 활용할 줄 안다는 건
도구의 차원을 넘어 치별화된 경쟁력이 될 것이다.

잠자는 동안에도 돈이 들어오는 방법을 찾지 못한다면, 당신은 죽을 때까지 일을 해야만 할 것이다. 바로 워런 버핏이 한 말이다.

챗GPT가 등장하기 전에 이 말을 들었다면 재테크 방법을 떠올렸을지도 모르겠다. 하지만 챗GPT 등장 이후 지금 그 말을 떠올리면, 어떻게 하면 내가 잠자는 동안에도 AI가 일을 해서 돈을 벌게 할까를 생각할지도 모른다.

‖ 일 문화의 재편 ‖

생성형 AI가 우리의 삶과 일하는 방식을 빠르게 변화시키고 있다. 처음에 AI는 기술로 업무의 일부분에 적용되었지만, 이제는 우리가 업무에 사용하는 전반적인 소프트웨어나 시스템의 일부로 포함되어 자연스럽게 활용될 것이며, 마치 인터넷을 사용하듯 AI를 활용할 시기가 곧 올 것으로 예상된다.

이미 챗GPT가 대중화되기 시작해 개인 혹은 조직에서 활용을 시작했다. 생성형 AI를 비롯한 다양한 AI 기술들이 우리 업무 환경에 깊숙이 들어와서 일하는 문화 역시 변화시킬 것으로 예상된다.

빌 게이츠는 사무실에서 일하든 아니든 모든 사람이 5년 안에 AI 기반 개인 비서를 갖게 될 것이라고 예측했다. 이러한 AI 개인 비서들의 활용을 통해 우리의 생활방식도 완전히 바뀔 것이라고 언급했다. 실제 이와 같은 일하는 방식이 생성형 AI로 고도화되면 누구나 개인화된 AI을 활용해 업무를 하는 시대도 먼 이야기는 아닌 것 같다.

AI 개인 비서를 포함해 AI 기반의 도구를 어떻게 잘 활용하느냐에 따라 일의 결과는 어떻게 달라질까? 그것은 마치 서울에서 부산을 갈 때 '자동차'를 타고 가는 사람과 'KTX 고속철도'를 타고 가는 사람의 차이와 같이 일의 '속도' 측면에서 격차를 벌릴 것이며, '혼자 일하는 사람'과 '10명의 AI 비서'를 두고 일하는 사람의 차이와 같이 '속도'뿐만 아니라 일의 '품질'에서도 격차를 벌릴 것이다.

AI 활용을 통해서 업무상 복잡한 프로세스들을 자동화할 수 있으며, 이를 통해 시간과 비용 모두 효율적으로 관리함으로써 업무상 존재하던 복잡한 프로세스 간소화가 가능해진다. 또한 생성형 AI는 방대한 양의 데이터를 기반으로 창의적인 콘텐츠를 생성하는 데 활용할 수 있다. 다양한 데이터를 기반으로 맞춤형 기사를 작성하고, 마케팅 문구를 작업하는 등 기존에는 불가능했던 창의적인 기획 업무 역시 가능해졌다.

다양한 데이터를 분석해 의사결정을 신속하게 내릴 수 있도록 지

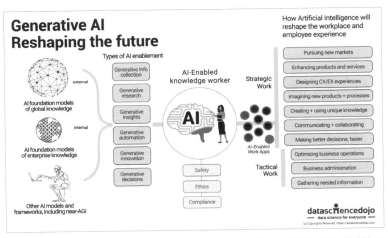

생성형 AI는 누구나 새로운 기술과 지식을 빠르고 쉽게 배울 수 있도록 한다. 생성형 AI가 계속 발전함에 따라 직장, 업무 경험 등 업무의 미래에 훨씬 큰 영향을 미치며, 우리가 일하는 방식도 변화시킬 것이다.

출처: Data Science Dojo

원해줄 수도 있다. 예를 들어, 금융사의 경우 시장 데이터를 분석하고, 투자 기회를 발견할 수 있다. 마케팅의 경우 소비자의 선호도나 구매 패턴, 문화 트렌드 등의 데이터 분석을 통해 맞춤형 마케팅 캠페인도 가능하다. 또한 고객 데이터를 분석해 개인화된 경험과 추천을 제공함으로써 더 나은 고객 경험을 제공해줄 수도 있다.

이처럼 AI 기술이 발전함에 따라 AI는 더욱 정교하고 복잡한 작업을 수행할 수 있게 될 것이며, 프로세스 간소화부터 창의성 강화, 의사결정 개선까지 산업 전반에 걸쳐 중요한 변화를 가져올 것이다.

미래 부의 지도

법만큼이나 AI 거버넌스도 중요한 시대

이제 AI는 단순히 AI 모델 차원이 아닌 AI 거버넌스로 접근해야 한다.
이러한 분위기에 힘입어 2023년 6월 세계경제포럼(WEF)에서
AI의 글로벌 거버넌스 및 문제 해결을 위해 39개 회원국으로
AI 거버넌스 연합(AI Governance Alliance)을 설립했다.
같은 해 11월엔 AI 거버넌스 서밋 2023을 개최하기도 했다.

2022년 11월 말 챗GPT가 등장한 후 함께 등장하기 시작한 것이 AI 윤리, 설명 가능한 AI, 책임감 있는 AI 등과 같은 개념이다. 이와 더불어 함께 강조된 것은 AI 거버넌스의 중요성이었다.

AI 거버넌스란 AI 시스템의 개발, 배포 및 사용을 안내하는 일련의 원칙, 정책 및 규정을 의미한다. 이 AI 거버넌스의 목표는 AI가 안전하고 투명하며 윤리적이고 책임 있는 방식으로 개발되고 사용되도록 보장하는 것이다.

‖ AI 거버넌스에 주목해야 하는 이유 ‖

챗GPT가 등장한 이후 AI 거버넌스 준비가 더욱 강조가 되기 시작한 데는 몇 가지 이유가 있다.

먼저 AI가 빠르게 발전함에 따라 AI의 범용적인 능력 또한 광범위하게 영향을 줄 수 있게 되었고, 고용, 의료, 보안 등 사회 여러 측면에 영향을 미칠 수 있게 되었기 때문이다.

또한 현재의 AI 시스템은 여전히 편향되거나 불공정하거나 차별적인 결정을 내릴 수 있다는 점이다. 그로 인해 개인과 집단에 심각한 결과를 초래할 수 있다. AI 거버넌스는 이러한 위험을 완화하고

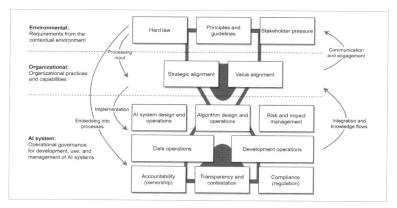

핀란드 투르크 대학의 아워글래스 모델(Hourglass Model: 모래시계 모델)에 대한 논문은 AI 거버넌스 프레임워크 전체 구조를 세 가지 레이어로 설명하고 있다. A의 환경 계층에서는 상황별 환경의 요구 사항, B의 조직 계층에서는 조직의 관행과 역량, C의 AI 시스템 계층에서는 AI 시스템의 개발, 사용 및 관리를 위한 운영 거버넌스를 포함한다.

출처: Putting AI ethics into practice: The hourglass model of organizational AI governance, HYPERLINK "https//arxiv.org/abs/2206.00335"https://arxiv.org/abs/2206.00335 논문

미래 부의 지도

AI가 공정하고 공평한 방식으로 사용되도록 보장하는 데 도움이 될 수 있다.

AI는 단순한 기술 이상으로 사회에 큰 영향을 미칠 수 있다. 긍정적인 측면에서는 AI가 다양한 산업 전반에 걸쳐 효율성, 생산성, 의사결정을 향상시킬 수 있다. 하지만 부정적인 측면에서는 AI 시스템 자체의 편향으로 인한 불이익, 일자리 대체, 개인정보 침해 등의 우려를 불러일으킬 수 있다.

이러한 AI 거버넌스의 중요성은 국제사회에서도 중요한 어젠다로 떠올랐다. 2023년 유엔이 인공지능의 글로벌 거버넌스 및 문제 해결을 위해 39개 회원국으로 구성된 자문기구로 설립한 AI 거버넌스 얼라이언스(AI Governance Alliance)에서 2024년 1월 3가지 보고서를 발표했다. 이 보고서에는 안전한 생성형 AI를 위한 AI 프레임 워크, 책임감 있는 AI를 위한 가이드, 생성형 AI 거버넌스에 대한 내용을 담고 있다. 또한 2024년 3월 미국은 인공지능을 국제사회 합의를 통해 규제하자는 결의안을 유엔 총회에 제출했으며, 결의안에는 안전하고 신뢰할 수 있는 AI 시스템을 촉진하며 회원국들이 국내 규정과 거버넌스를 통해 AI를 책임감 있고 포용적으로 개발하도록 지원하는 방안을 권장하자는 내용이 담겨 있다.

사람들은 검색엔진의 검색창이 아닌 AI와의 대화를 통해 답을 얻기 시작했지만 챗GPT가 구글 검색을 먹어치우진 못했으며, 생성형 AI가 코딩을 한다지만 고급 개발자의 부족은 여전하다. 하지만 생성형 AI의 등장이 웹 생태계를 변화시키며 검색엔진 시장을 위협하고 있는 것만은 분명하다. AI는 소프트웨어 개발은 물론이고 교육과 콘텐츠 제작, 의료 등 분야를 막론하고 그 영향력을 행사하고 있다. 생성형 AI가 우리의 산업 지도를 다시 그리고 있다.

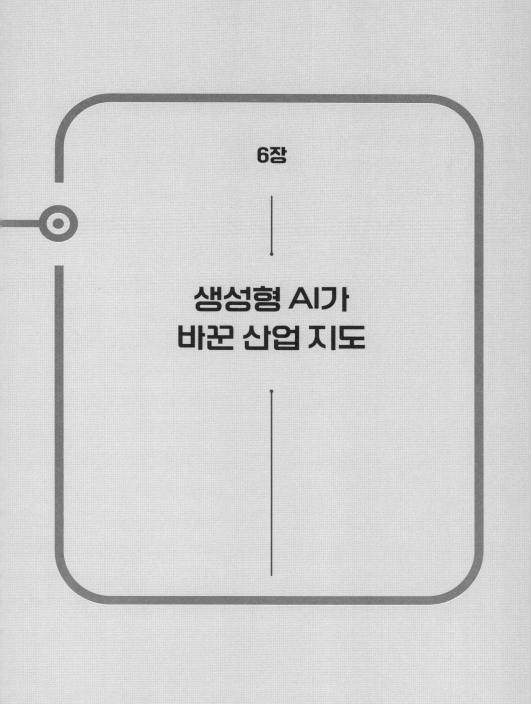

6장

생성형 AI가
바꾼 산업 지도

챗GPT가 검색엔진
1위인 구글을 대체할까?

챗GPT는 그 등장과 동시에 웹 생태계의 트래픽을 가져가며
검색엔진 시장이 가지는 기존의 광고수익을 비롯한 웹 기반 비즈니스들을
위협할 것이라 예상됐다. 그리고 지금 생성형 AI는 검색엔진을
위협할 만한 점유율을 가져가는 것이 아닌 웹 검색엔진 속으로 스며들어
완전히 새로운 검색의 개념으로 진화하고 있다.

챗GPT는 그 이름에서 연상되듯 채팅(대화) 기반의 GPT로 '질문을 입력하면 답변이 출력된다'가 기본 동작 방식이다. 그렇다 보니 궁금한 것을 텍스트 입력창에 입력하면 답변이 서술되어 나온다는 동작은 현재의 구글, 네이버와 같은 검색엔진과 활용 목적 또는 동작 방식이 비슷하단 생각을 할 수 있다. 다만 구글, 네이버 등의 검색엔진은 이와 관련된 웹문서, 동영상, 이미지 등을 결과로 보여주며, 챗GPT는 하나의 답변을 텍스트 형태의 글로 보여준다는 차이가 있다.

‖ 챗GPT가 아직 구글을 대체할 수 없는 이유 ‖

이렇듯 검색 플랫폼과 챗GPT가 가진 목적이나 동작 방식이 유사하다 보니 챗GPT가 출시되고 몇 달 동안은 챗GPT의 등장으로 구글과 같은 검색엔진이 가장 크게 타격을 받을 것이라는 전망이 쏟아졌다. 이제 구글의 세상이 끝나고 검색엔진도 역사 속으로 사라질 것이라는 등의 의견이 지배적이었다. 여기에는 챗GPT를 활용할 경우 사용자가 여러 검색 결과를 훑어볼 필요 없이 직접적인 답변을 원하는 형식에 맞춰 제공받을 수 있다는 점이 기존의 검색엔진보다 사용자들에게 더 매력적으로 다가설 것이라는 분석이 따랐다. 편리성과 효율성 측면에서는 분명 챗GPT가 우위를 점할 것이라는 예측이었다.

하지만 한 가지 치명적인 문제가 있었다. 이는 AI가 생성한 답변의 신뢰성을 담보할 수 없다는 것이었다. 결국 그 신뢰성을 확인하기 위해 사용자는 다시 기존 검색엔진을 통해 챗GPT가 제공하는 정보의 사실 여부를 확인해야 하는 상황이 반복되었다.

그래서일까? 챗GPT의 인기가 하늘을 찌를 정도로 높았음에도 구글은 검색 시장에서 계속 지배적인 위치를 차지하고 있다. 웹이 탄생한 이후 쌓인 방대한 데이터베이스와 정교한 알고듬은 아직 챗GPT가 감히 따라올 수 없는 폭넓고 깊이 있는 정보를 제공하고 있다. 물론 챗GPT는 검색 경험을 혁신해 좀 더 개인화된 답변과 사용자 친화적인 경험을 만들어내는 강점이 있고, 결국은 기존 검색엔진을 능가하는 성능을 낼 것이다. 하지만 아직은 정보의 정확성, 개인 정보 보호, 윤리적인 문제 등으로 챗GPT에게는 좀 더 시간이 필요할 것 같다.

그리고 잘 생각해보면, 챗GPT 등장 이전에 다른 의미로 구글 검색의 경쟁자로 언급되었던 서비스가 하나 더 있다. 바로 유튜브(YouTube)다. 유튜브는 기본적으로 동영상을 검색하는데 왜 구글검색과 함께 비교되었을까? 이는 요즘 젊은 세대 MZ 세대, 젤파 세대 등으로 표현하는 10~20대는 유튜브나 인스타그램 등을 통해 검색을 하기 때문이다. 이는 기능적인 경쟁력보다는 세대의 특성을 반영한 것으로 이해하면 될 것 같다.

‖ 검색엔진 시장에 불을 붙인 챗GPT ‖

생성형 AI는 분명 검색 경험을 혁신해 더욱 개인화되고 효율적이며 사용자 친화적으로 만들 수 있는 잠재력을 가지고 있다. AI 기술이 발전함에 따라 챗봇은 더욱 정교해지며 잠재적으로 특정 측면에서 기존 검색 엔진을 능가할 것으로 예상된다. 실제 여전히 구글은 전 세계 검색 시장의 90% 이상을 계속해서 점유하고 있다. 전 세계 웹 트래픽 분석 사이트인 스테이트카운터(StatCounter)에 따르면

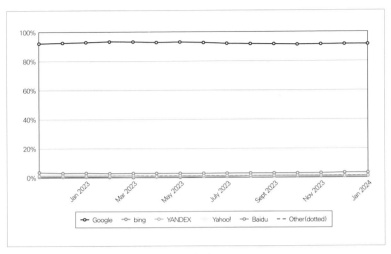

2022년 11월~2024년 1월의 검색엔진 시장 점유율

출처: StatCounter 홈페이지

2023년 10월 구글 검색의 시장 점유율은 91.53%였으며, 이는 1년 전과 비교해도 매우 미미한 소폭 감소 수준으로 보인다. 전년도에는 92.86%였다.

초기 챗GPT에게 정보의 최신성 문제는 가장 큰 약점 중 하나였다. 2021년 9월까지의 데이터로 사전학습된 모델이었기 때문에 2021년 9월 이후 정보는 아예 모르거나 잘못된 정보를 사실처럼 답변했다. 하지만 이 부분은 2023년 3월 챗GPT에 인터넷 실시간 정보를 사용할 수 있도록 하는 '플러그인' 기능을 출시해 플러그인에서 제공하는 웹브라우징 기능을 통해 관련 문제를 해소했다. 같은 해 9월 마이크로소프트가 검색엔진인 빙(Bing) 검색에 챗GPT를 통합함으로써 실시간 웹 탐색을 통해 정보의 최신성 문제를 개선하기도 했다.

챗GPT가 이렇게 정보의 최신성 문제에 대해 발 빠르게 개선하고 있지만 그럼에도 불구하고 검색엔진 시장 점유율을 보면 구글의 시장 점유율에는 아직까지 큰 차이는 보이지 않는다. 챗GPT는 구글 검색으로는 쉽지 않은 복합적인 정보나 일반 지식 질문에 좀 더 많이 활용될 것으로 보인다. 챗GPT가 당장의 구글 검색을 대체한다기보다는 상호보완적인 관계가 계속 유지될 것으로 보인다. 그리고 언젠가는 생성형 AI 기반의 똑똑한 에이전트가 등장하고 검색엔진도 AI 에이전트의 강력한 도구로 융합되어 한 단계 진화한 형태로 가지 않을까 예상해본다.

AI 시대,
미래의 교육은 어떻게 변화할까?

교육에서 AI의 역할은 대체가 아니라
향상, 즉 우리의 역량과 경험을 향상시키는 데 있다.
생성형 AI가 제대로 효과적으로 활용되기 위해서는
스스로 문제해결력을 높일 수 있도록 하는 방향으로 교육 콘텐츠를 준비하고,
생성형 AI 모델 학습도 필요하다.

트래픽 통계 사이트 시밀러웹(Similarweb)의 분석에 따르면, 2023 년 8월 챗GPT의 트래픽이 크게 감소했는데, 이에 대해 학생들이 숙제 및 시험을 준비할 때 사용하던 챗GPT 사용이 방학을 맞아 사용이 줄어들었기 때문이란 분석이 많았다. 진짜 사실일까? 실제 수업이 시작되면서 10월에 5월 수준으로 회복하며 다시 트래픽이 증가했다. 실제 챗GPT의 사용자를 연령층별 점유율을 분석한 통계를 보면 학생들의 활용이 많다는 것이 근거 없는 이야기는 아니라는 생각이 든다.

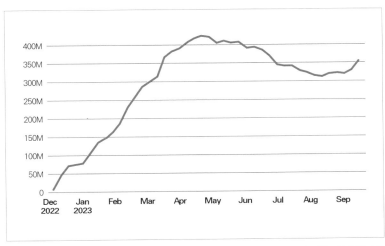

400M
350M
300M
250M
200M
150M
100M
50M
0

Dec 2022   Jan 2023   Feb   Mar   Apr   May   Jun   Jul   Aug   Sep

2022년 11월~2024년 1월 검색엔진 시장 점유율을 보면, 챗GPT가 한참 활용중이던 2023년 10월 구글 검색의 시장 점유율도 91.53%다. 이는 1년 전과 비교해도 매우 미비한 소폭 감소로 아직 구글의 검색시장은 견고하다.

출처: Statcounter 홈페이지

‖ 교육 현장에서 AI를 바라보는 시선과 전망 ‖

교육 분야에서의 생성형 AI 도입에 대한 부분은 대한민국뿐만 아니라 미국 역시 생각이 복잡했던 것 같다. 2023년 1월 미국에서 가장 많은 학생들이 공부하고 있는 뉴욕시 공립학교가 챗GPT는 학업에 필수적인 비판적 사고나 문제 해결 능력을 키울 수 없다며 챗GPT의 접근을 차단했었고, 불과 4개월 만에 다시 챗GPT의 가능성을 받아들이기로 결정했다며 5월부터 챗GPT를 허용했다. 그 결정에는 미래를 위해서는 AI는 두려워해야 할 대상이 아니라 이해해야

연령층(세)	점유율(%)
18-24	30.09
25-34	34.44
35-44	17.65
45-54	9.37
55-64	5.34
65세 이상	3.11

연령대에 따른 챗GPT 사용자

출처: Statistics. 2023.9 기준

할 대상이라는 표현을 하기도 했다.

이렇듯 교육 분야에서는 생성형 AI 시대에 대해 기대보다는 우려의 목소리가 먼저 나온 것이 사실이다. 하지만 우리가 그것을 이해의 대상으로 볼 때 현재 학생이 학습하고, 교사가 가르치는 방식에서 가지고 있는 많은 문제점들을 개선할 수 있는 혁신적인 기회가될 것이다.

다양한 텍스트, 이미지, 동영상 등을 생성할 수 있는 생성형 AI 기술은 교육에 있어서 매우 중요한 도구가 될 것이다. 학습 콘텐츠를준비하는 측면에서도 많은 부분이 자동화되고, 챗GPT나 코파일럿과 같은 대화형 AI는 학생들에게 언제든지 즉각적인 답변, 피드백을 줄 수 있는 일종의 개인 교사가 되어 개인화된 교육 경험을 강화할 수 있다. 결과적으로 학생들의 성과 향상을 위한 맞춤형 교육이가능해질 것이다. 또한 AI 기반 예측 분석을 활용해 중도 포기할 위

미래 부의 지도

험이 있는 학생들을 조기에 식별함으로써 학습을 끝까지 끌고 갈 수 있는 방안도 마련할 수 있을 것이다.

하지만 몇 가지 과제들도 있다. 데이터 프라이버시나 편향성(편견), AI로 생성된 콘텐츠가 가질 수 있는 윤리적 문제 등이 그것이다. 교육 분야에서의 AI 사용이 증가할수록 데이터 수집 및 활용 또한 증가할 텐데 이는 학생 개인정보 침해에 대한 우려가 있으며, 편향된 데이터셋의 활용으로 불평등이 오히려 강조될 수도 있다. 소수의 특징을 가진 그룹의 데이터는 분명 불이익을 얻을 수 있으며, 윤리적인 문제가 발생할 수도 있다. 또한 AI를 활용한 교육 역시 각 교육기관의 재정 상황이나 환경에 따라 달라질 수 있어 디지털 격차를 오히려 증가시킬 수도 있다.

‖ 생성형 AI의 교육 분야 활용안 ‖

생성형 AI가 가지고 있는 훌륭한 언어지능은 각 학생들에게 맞춤형 교육을 하는 데 효과적으로 활용할 수 있다. 챗GPT나 코파일럿과 같은 대화형 AI를 통해 학생들은 AI 교사와 실시간 피드백과 지원을 받음으로써 학생들 스스로 자신의 학습 상황과 성과를 더 잘 이해할 수 있도록 돕고, 궁극적으로는 학습 성과를 향상시킬 수 있다.

이는 학교 교육이나 대면 개인 교육을 받을 수 없는 특수한 상황의 학생들에게 특히 도움이 될 수 있다. 현재의 교육 환경에서는 개인별 맞춤 교육을 제공해주기 어렵지만, 생성형 AI 기반의 가상 교육 환경이 만들어진다면 학습데이터를 기반으로 학생의 학습상의 취약점이나 진도가 느린 부분들을 자동으로 식별하고 그에 맞는 목표와 연습 콘텐츠들을 제공할 수 있는 것이다. 이러한 서비스는 학생과 학부모에게 24시간 지원될 수 있으며, 학습 관리에서도 AI가 활용됨으로써 실제 교육자는 학생의 교육 방향이나 수업계획 등 실제 학생만을 위한 교육 준비에 집중할 수 있게 된다.

이러한 기대감이 2024년부터 이제 현실적으로 조금씩 나타나고 있는 듯하다. 2024년 1월 미국에서 가장 혁신적인 대학으로 꼽힌다는 애리조나주립대학교가 오픈AI와 협력을 통해 스템(STEM: 과학, 기술, 공학, 수학) 과목에 AI 협력을 집중할 것이라고 발표했다. 오픈AI가 기업이 아닌 대학과 파트너십을 맺은 것은 처음이며, 학생들을 위한 맞춤형 AI 튜더 구축도 챗GPT를 활용해 계획되어 있다고 하니 모범적인 성공 사례가 되기를 기대해본다.

다시 돌아가서 생성형 AI의 교육 분야 활용안에 대해 이야기를 이어가보자. 생성형 AI는 강의 계획, 평가 등 교육과정을 설계하고 구성하는 등 교육 커리큘럼이나 코스 개발에도 도움이 된다. 학생에게 제공될 연습문제나 대화형 학습 자료들을 학생 개인에 맞춰 준비함으로써 학생들이 좀 더 활발하고 적극적으로 수업에 참여할 수 있도록 하고, 학생들의 학습 경험 역시 향상시킬 수 있다.

수업에 필요한 퀴즈, 연습문제, 설명, 개념 요약 등 교육 콘텐츠 제작에 있어서도 교사가 좀 더 창의적이고 다양한 학습 콘텐츠를 짧은 시간 내에 많은 양을 만들어낼 수 있도록 도울 수 있다. 특히 생성형 AI의 가장 큰 강점 중 하나가 교사가 수업에 필요한 영상이나 이미지 등 멀티미디어 콘텐츠 제작을 전문가처럼 높은 품질로 만들 수 있으며, 시간 또한 상당히 절약할 수 있다는 점이다. 오래된 학습 자료에 대한 복원도 가능한데, 역사와 관련된 문서, 사진, 영화 등 오래되거나 품질이 낮은 학습 자료에 대해서 각 자료들의 해상도를 높여 학습 자료의 품질 향상 또한 가능하다. 고품질 미디어에 익숙한 학생들에게 좀 더 쉽게 읽고 분석할 수 있는 학습 자료를 제공함으로써 더 나은 학습 경험을 제공하는 것이다.

교육 분야에서의 생성형 AI는 분명 기존의 교육 관행에서 제공하지 못했던 많은 부분을 개선할 수 있으며, 양질의 교육 콘텐츠를 통한 혁신 측면에서도 많은 잠재력을 가지고 있다. 다만 교육 분야에 생성형 AI를 도입할 때는 그 어떤 경우보다도 더욱 신중을 기할 필요가 있다. 학습데이터에 교육 콘텐츠 자체의 편견이나 허위 혹은 부정확한 정보가 포함되어 있을 경우 교육이란 분야가 가지는 특성상 사회 전반적으로 광범위하게 영향을 줄 수 있기 때문이다. AI를 통해 생성된 교육 콘텐츠에 대한 신뢰성과 정확성을 보장할 수 있는 메커니즘이 필요하다. 또한 교육에서 AI의 역할은 대체가 아니라 향상, 즉 우리의 역량과 경험을 향상시키는 데 있다는 것을 명심해야 할 것이다.

　마지막으로 교육용으로 생성형 AI가 제대로 효과적으로 활용되기 위해서는 바로 정답을 알려주는 것이 아니라 학생들이 스스로 문제 해결력을 높일 수 있는 방식을 고안해야 한다. 단계별로 힌트를 제공받으며 스스로 문제를 풀어갈 수 있도록 교육 콘텐츠를 준비하고, 생성형 AI 모델 학습도 필요할 것이다.

미래 부의 지도

AI는 콘텐츠 제작에서
인간의 창의적인 파트너가 될까?

인간이 생성한 콘텐츠를 AI를 통해 증강해 최종 버전을 만들거나
또는 AI를 통해 만든 콘텐츠를 인간이 맡아 품질을 높이고
좀 더 부가적인 의미를 담을 수 있을 것이다.
AI와 인간의 창의력의 균형 있는 조합은
콘텐츠 생태계에 획기적인 변화를 가져올 것이다.

2022년 8월 인공지능 이미지 제작 프로그램인 미드저니로 생성해 제출한 그림이 미술대회에서 1위를 차지하는 일이 있었다. 물론 프롬프트 수정만 600번 이상하고 후처리를 한 것이라 도깨비 방망이처럼 뚝딱 나온 그림은 아니지만 많은 아티스트들이 AI를 활용해 만든 작품을 출품한 것에 대해 분노를 표출하기도 했다. 그 후 기획, 보고서부터 소설, 그림, 영상, 음악까지 창의력과 예술성을 겸비한 크리에이티브 작업과 관련해 생성형 AI의 활용이 폭발적으로 증가했으며, 그에 대한 인식과 작업 방식이 변화하고 있다.

‖ 생성형 AI 시대의 창의성에 대한 재정의 ‖

창의력이란 오랜 시간 동안 인간의 고유한 특성이라고 여겨졌다. 하지만 요즘은 많은 사람들이 AI를 활용해 자연스럽게 글을 쓰며, 그림을 그리고, 영상을 제작한다. 인간의 오랜 고뇌와 상상 등을 통해 어렵게 만들어내던 과거와는 완전히 다른 방식으로 크리에이티브 활동을 한다. 창의력과 예술적인 재능이 전혀 없는 사람들이 전통적인 방식으로는 절대 불가능했던 일들을 AI 도구를 통해서 창의력을 흉내 낼 수 있게 되었다. 이렇게 AI 도구의 도움을 받은 결과물은 창의적이지 않다고 말할 수 있을까?

카피라이터, 디자이너, UX 전문가, 마케팅 커뮤니케이션 전문가 등 콘텐츠 제작을 업무로 하는 사람들에게 생성형 AI는 콘텐츠 작성, 아이디어 생성을 통해 실제적인 산출물들을 빠른 시간 내에 대량으로 만들 수 있도록 해주었다. 비단 문화 창작, 예술적인 분야뿐만 아니라 일반적인 비즈니스 기획에 있어서도 아이디어부터 테스트, 개인화에 이르기까지 비즈니스에 힘을 실어줄 수 있는 방안을 제공해주고 있는 것이다.

또한 어떤 콘텐츠든 제작을 위한 첫 단계로 아이디어 브레인스토밍하는 과정이 필요한데, AI를 활용하면 마치 여러 명이 모여 브레인스토밍하는 효과를 얻을 수 있다. 이 과정을 통해 다양한 아이디어를 쉽게 도출할 수 있다. 경우에 따라서는 노련한 전문가와 비교

미래 부의 지도

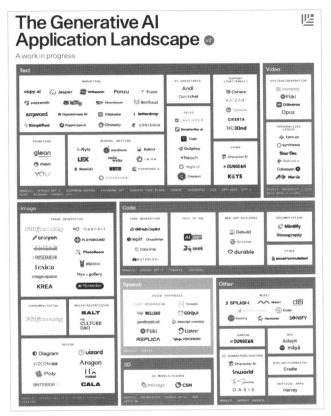

생성형 AI 애플리케이션 환경. 애플리케이션 개발에 있어서 생성형 AI의 활용을 통해 새로운 시대가 열렸으며, 혁신적인 회사들이 많이 등장했다. 현재 생성형 AI가 가장 많이 활용되고 영향력이 있는 분야로는 텍스트, 비디오, 이미지, 코딩 등이 있다.

출처: 세쿼이아 캐피털(Sequoia Capital)

해도 손색없을 정도의 퀄리티를 창출하기도 한다.

다만 콘텐츠 제작에 있어서 우리는 생성형 AI를 잘 활용할 수 있는 프롬프트에 대한 학습을 하고, AI 모델 작업 방법을 이해할 수 있어야 한다. AI가 인간이 생성한 콘텐츠를 대체하기보다는 그것을 좀 더 향상시킬 수 있도록 하는 것이 중요하다.

즉 콘텐츠 제작에 있어서 인간과 AI가 창의적인 파트너가 되는 방법은 인간이 생성한 콘텐츠를 AI를 통해 증강함으로써 최종본을 만들거나 또는 AI를 통해 만든 콘텐츠를 인간이 맡아 품질을 높이고 좀 더 부가적인 의미를 담는 것이다. AI는 새로운 인사이트를 제공해주는 역할을 하고, 인간은 콘텐츠 제작의 완성도에 집중할 수 있게 되는 것이다.

AI가 지속적으로 진화함에 따라 콘텐츠 제작 프로세스에서 AI의 역할이 커지고 크리에이티브 분야가 확장될 것이다. AI와 인간의 창의력의 균형 있는 조합은 콘텐츠 생태계에 획기적인 발전을 가져올 것이며, 콘텐츠의 미래를 새롭고 흥미로운 것으로 재편할 것이다. 그것은 인간의 영역을 축소시키는 것이 아니라 오히려 확장하는 효과를 가져올 것이다.

다만 한 가지, 생성형 AI로 만든 콘텐츠는 저작권 보호를 받을 수 있을까? 2023년 8월 미국 법원은 AI가 생성한 작품은 저작권을 가질 수 없다고 판결했다. 미국 저작권법은 인간이 만든 작품만 보호하며, 인간의 창의성이 저작권의 핵심이다. 즉 인간이 프롬프트를 통해 개입을 했다고 하더라도 이는 전 과정에 개입해서 창의성을 발휘했다고 볼 수 없다는 것이다. 하지만 이 판결은 앞으로 달라질 가능성도 크다. 이제 우리는 오랫동안 독점적으로 사용해온 창의성이라는 개념을 새롭게 정의해야 할 순간을 맞고 있다.

AI가 의료 분야를
혁신할 수 있을까?

환자 데이터셋을 분석하고, 다양한 의료 상황을 시뮬레이션한다.
환자 맞춤형 치료 계획을 만들고, 실시간으로 의료 상담을 해준다.
더 빠르고 비용 효율적인 신약 발견을 지원한다.
지금 의료계에서는 AI 및 데이터를 통한 혁신이 진행중이다.
의료 분야에서 AI가 가진 혁신의 힘은 크다.

의료 분야는 현재 노동력 부족, 의사들의 번아웃, 수익성 저하, 의료 불균형, 필수의료 인력 부족, 지역별 편차 등 복잡한 문제에 직면해 있다.

이 외에도 많은 문제들이 의료 분야에 존재하고 있지만, 그 가운데 운영 비용 효율화, 의료서비스 경험 개선, 업무생산성 향상 등의 문제와 관련해서는 AI 기술이 상당 부분 해결의 실마리를 제공해줄 것으로 기대되고 있다. 기존 자연어처리나 ML 기술보다 생성형 AI 기술을 통해 훨씬 광범위한 범위에서 AI를 활용할 수 있을 것으로 기대된다.

또한 생성형 AI 기술 중 메드 팜(Med-PaLM), 바이오GPT(BioGPT), 클리니컬버트(ClinicalBERT), 게이터트론(Gatortron)과 같은 의료 및 헬스케어 관련 특화된 대형 언어 모델들의 등장으로 좀 더 의료 환경에 맞춰진 생성형 AI 활용 역시 기대해볼 수 있을 것 같다.

‖ 의료 분야에서 AI가 가진 혁신의 힘 ‖

의료 및 헬스케어 분야에서 생성형 AI는 구체적으로 어떤 혁신이 가능할까?

우선 생성형 AI의 가장 큰 효과로 알려져 있는 업무효율화와 관련해서 보자. 비효율적인 단순노동이 많은 백오피스의 업무효율화 및 프로세스 간소화를 통해 의료 프로세스를 효율화할 수 있다. 그 외에도 의사와 환자 간의 상담 내용을 요약하고 문서화 역시 쉽게 할 수 있도록 초안 작성을 도와줄 수 있다. 또한 건강 기록을 생성하고, 환자가 의료 용어를 이해하기 쉽도록 단순화하는 등 의료 시스템의 전반적인 효율성을 향상시킬 수 있다.

새로운 신약 발견 및 개발에도 생성형 AI가 활용될 수 있다. 보통 신약 개발은 후보들을 식별하고, 이후 효능이나 안정성 테스트의 과정을 거친다. 이 과정은 신약 개발에서 가장 핵심이면서 가장 많은

미래 부의 지도

시간과 비용이 드는 부분으로 보통 최소 10년에서 최대 15년 이상 걸린다. 이 부분에 AI를 사용해 시간과 비용을 획기적으로 줄일 수 있다. 이는 화학 구조와 속성에 대한 대규모의 데이터셋을 학습함으로써 기존 약물과 유사한 새로운 분자를 생성할 수 있고, 이를 통해서 신약으로서의 잠재력을 평가할 수 있다는 것이다. 또한 질병 진단에서도 의료 이미지의 대규모 데이터셋을 활용해 특정 조건과 관련된 패턴을 식별함으로써 해당 질병의 패턴을 탐지하고, 의사가 더 정확한 진단을 빠르게 내릴 수 있도록 도울 수 있다. 질병 진단뿐만 아니라 의료 실습 교육에 필요한 의료 시뮬레이션 또한 생성할 수 있는데, 이러한 가상 시뮬레이션을 통해 진단의 정확성과 속도를 높일 수도 있다.

또한 맞춤형 의료 챗봇을 통해 채팅 기반으로 환자의 증상에 대해서 질문을 하고, 맞춤형 의료 조언 및 추천을 제공할 수 있다. 환자의 의학적 배경, 유전 정보, 라이프스타일 등을 통해 환자를 위한 맞춤형 치료 계획 역시 가능하다.

다만 의료 및 헬스케어에서도 설명 가능성 및 신뢰성에 대한 문제가 있을 수 있다. AI가 생성한 답변이나 AI 알고리듬을 통해 나온 결과에 대한 이유를 의료진이 해석하거나 환자에게 설명하기 어려울 경우 의료진의 의사결정에 대한 신뢰성에 대한 문제가 생길 수 있다. 또한 데이터 학습에 활용하기 위한 대규모 데이터셋을 확보하는 것에 어려움이 있을 수 있고, 이로 인해 의료 영역에 따라 관련 활용의 효과가 떨어질 수 있다. 어느 AI 분야와 마찬가지로 편견이나 정확도에 대한 부분은 의료진과 환자 간의 신뢰 문제에서 중요하며, 개인정보 보호, 보안 및 알고리듬 편견과 관련된 윤리적 문제에 대해서도 신중한 고려가 필요할 것이다.

미래 부의 지도

왜 가벼운 스마트폰에
무거운 AI를 넣으려 할까?

온디바이스 AI란 인터넷 연결 없이도 노트북, 태블릿 등
디바이스에서 AI 기능을 직접 사용할 수 있는 기술이다.
디바이스 내부에서 정보를 직접 처리하기 때문에
AI 모델 실행의 비용이 크게 절감될 수 있다.
접근성이 좋으며, 개인정보 보호 측면에서도 강점이 있다.

생성형 AI 기술의 사업화를 언급할 때 항상 함께 따라다니는 2가지는 데이터 보안과 비용에 대한 부분이다. 따라서 클라우드가 아닌 온프레미스(On-Premis) 환경에서의 구축과 실질적인 운영을 고민하며, 대형 언어 모델 자체의 경량화와 도메인 특화 모델을 통한 경량화 역시 생성형 AI 기술에서도 매우 인기 있는 주제이다. 여기에 한 가지 더, 폭발적인 혁신을 끌고 갈 하나의 주제가 바로 온디바이스 생성형 AI이다.

‖ 내 손 안에 들어온 온디바이스 AI ‖

온디바이스(On Device) AI란 엣지 디바이스 자체에 인공지능이 포함된 것으로, 대형 언어 모델이 구동되고 있는 클라우드 서버에 접속하지 않고도 디바이스 자체에서 인공지능을 직접 구동할 수 있는 기술을 의미한다. 즉 인터넷이 연결되어 있지 않은 지역이나 비행기 모드에서도 작동을 한다는 의미이다.

어찌 보면 생성형 AI가 정말로 대중화가 되고 모두가 쉽게 사용할 수 있으려면 클라우드에 접속해서뿐만 아니라 엣지 디바이스, 즉 스마트폰, 노트북, 차량, IoT 등에서도 AI가 작동될 수 있어야 한다. 대형 언어 모델(LLM)에서 경량화를 추구하며 또 발전하고 있는 경량화 모델(sLLM)에서 다시 한번 좀 더 도전적이고 혁신적인 과제가 바로 온디바이스 AI가 아닐까? 영국 경제학자인 에르른스트 슈마허의 수필집 제목 "작은 것이 아름답다(Small is beautiful)"가 이 생성형 AI 시대에도 유효할 줄이야!

온디바이스 AI가 정말 제대로 동작할 수 있다면 통신 상태의 제약도 받지 않고, 보안성도 높고, 정보 처리 속도도 빠를 것이다. 지금껏 오픈AI의 GPT 모델의 파라미터셋을 언급하며 '더 크게, 더 크게'를 외치며 모델이 커질수록 AI 능력이 더욱 뛰어날 거란 기대감도 있었지만, 세상의 모든 정보와 지식을 클라우드에 올려놓을 수 없거니와 AI를 활용하는 환경들도 매우 다양하다는 측면에서는 지금 시점에

미래 부의 지도

서 온디바이스 AI가 화두가 된 것은 매우 반가운 일이다.

온디바이스 AI에 대한 관심이 높은 산업군도 다양하다. 삼성, LG 와 같은 가전부터 현대차와 같은 모빌리티 분야까지 다양하게 관심을 가지고 있으며, 여기에 물론 생성형 AI를 주도하고 있는 구글, 메타, 애플, 엔비디아 등과 같은 빅테크들도 빠질 수 없다. 2023년 10월 구글은 픽셀8 프로를 소개하며, 구글의 생성형 AI 파운데이션 모델을 디바이스에서 실행한 최초의 스마트폰이라고 밝히기도 했다.

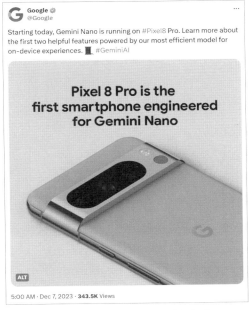

구글 스마트폰 픽셀8 프로. 온디바이스 AI 모델인 제미나이 나노(Gemini Nano)를 탑재한 최초의 안드로이드 스마트폰으로, 녹음 앱의 요약하기와 같은 기능을 지원하며, 인터넷 연결 없이도 동작하게 된다.

출처: 소셜미디어 X의 구글 계정

‖ 코끼리를 냉장고에 넣는 방법 ‖

그러면 커다란 코끼리를 냉장고에 넣는 방법과 같은 퀴즈가 연상되는 온디바이스 AI에는 어떤 도전과 어려움이 있을까?

일단 클라우드 연결에 대한 의존도가 없어진다는 것과 개인정보보호 측면에서 매우 큰 장점이다. 하지만 아무래도 작은 엣지 디바이스는 클라우드 서버에 비해서 컴퓨팅 성능이나 메모리, 에너지 리소스가 제한적일 수 있으며, 디바이스의 스토리지 용량에 맞춰 모델 크기를 줄이는 것도 큰 챌린지가 된다.

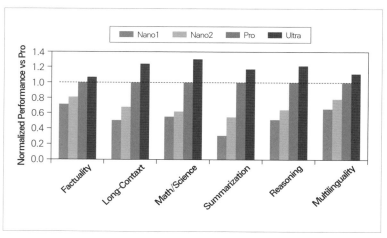

제미나이(Gemini) 모델별 성능열화 그래프를 살펴보면, 제미나이 울트라는 매우 복잡한 작업에 적합한 모델이며, 프로는 다양한 작업에서 확장하기 좋은 모델, 그리고 나노는 디바이스에서 활용할 수 있게 최적화된 모델이다.

출처: https://arxiv.org/abs/2312.11805 논문

실제 성능 저하와 모델 크기 간에는 상관관계가 분명 있다. 때문에 이에 대한 고려가 필요하며, 이는 제미나이 논문의 모델별 성능 열화 그래프에서도 확인할 수 있다. 간단히 차트에서 모델 크기 순서대로 살펴보면 제미나이 울트라(Gemini Ultra)는 매우 복잡한 작업에 적합한 모델이며, 프로(Gemini Pro)는 다양한 작업에서 확장하기 좋은 모델, 그리고 나노(Gemini Nano)는 디바이스에서 활용할 수 있게 최적화된 모델이라 할 수 있다.

엣지 디바이스의 배터리 측면에서도 기본적으로 ML 모델은 컴퓨팅파워 소모가 높기 때문에 배터리를 빠르게 소모하거나 엣지 디바이스의 에너지 효율성에도 영향을 줄 수 있다. 또한 실시간 추론과 관련해 복잡한 연산을 제한된 리소스로 처리하는 부분도 중요한 일이다.

마지막으로 현재의 안드로이드나 iOS의 앱스토어를 생각해보면 스마트폰의 기종에 따라 ML 모델 업데이트 및 버전 관리 등 관리 관점에서 복잡도가 상당히 증가할 수 있다는 어려움이 예상된다.

이제는 클라우드를 넘어서 다양한 엣지 디바이스 안으로 들어가면서 AI 기술이 세상 모든 곳에 들어가는 세상(AI is everywhere)도 머지않은 듯하다.

코딩하는 GPT의 등장,
그런데 개발자는 왜 부족할까?

생성형 AI는 반복적인 작업을 자동화하고, 개발 초기에 버그를 예측함으로써
휴먼 에러의 가능성을 줄여 코드 품질을 향상시킬 수 있다.
또한 소프트웨어 개발자가 보다 복잡하고 중요한 작업에 집중할 수 있도록 한다.
그런 측면에서 늘어난 초급개발자의 수요는 줄어들고,
고급개발자는 여전히 부족하다.

30년 전에 프로그래밍 언어를 처음 배우기 위해서 컴퓨터 서적을 구입하면, 배우려는 언어가 무엇이든 그 두꺼운 튜토리얼 서적의 1장에서 가장 먼저 프로그래밍하는 코드는 'Hello World'를 찍는 것이었다. 하지만 앞으로는 챗GPT와 같은 생성형 AI로 만들어진 소프트웨어나 서비스에서 AI에게 인사말을 전하는 것으로 시작할 수도 있을 듯하다.

챗GPT의 활용 가능한 분야로 언급되는 것 중 가장 놀라운 기능 중 하나가 코드 프로그래밍이 가능하다는 것이다. 컴퓨터 프로그래

미래 부의 지도

밍 언어도 일종의 영어나 프랑스어, 독일어 등과 같은 언어이고, 오히려 매우 직관적이고 직설적인 화법(?)을 구사하기 때문에 한편으론 챗GPT가 할 수 있는 것이 당연하게 생각되기도 한다.

챗GPT가 2022년 11월 출시된 후 챗GPT에게 얼마나 많은 프로그래밍 언어를 구현할 수 있는지를 질문해봤다. 구사할 수 있는 언어 수가 너무 많아 한 눈에 답변 리스트가 들어오지 않아 손가락으로 스크롤하며 세어볼 정도였다.

챗GPT는 내가 어린 시절 배웠던 GW-BASIC부터 시작해서 C, C++, C#, 그리고 최근의 파이썬(Python)까지 다양한 프로그래밍 언어로 코딩이 가능하며, 프로그래밍 언어 간의 변환도 가능하다. IT업계에 종사하지 않는 사람들은 잘 모르지만, 생각보다 다른 언어로의 코드 변환은 심심치 않게 발생하기 때문에 어찌 보면 프로그래밍에도 신세계가 열린 셈이다.

챗GPT는 전체 소프트웨어 개발 여정과 프로젝트에 적합한 기술 스택을 찾아내고, 비즈니스 개발 전략을 수립하고, 실제 프로그래밍을 하는 전 과정에서 도움을 줄 수 있다. 이렇게 이야기를 하면, 전 세계적으로 개발자는 부족하고 채용이 어렵다는 뉴스 기사를 심심치 않게 보고 있는 상황에서 이젠 개발자의 위치도 생성형 AI로 위태로워지는 것은 아닐지 걱정될 수 있다.

‖ 생성형 AI가 개발자에게 미치는 영향 ‖

이와 관련된 흥미로운 논문 중에서 일부를 소개하려고 한다.

「Software Testing with Large Language Models: Survey, Landscape, and Vision(LLM을 사용한 소프트웨어 테스트: 측량, 환경, 비전)」라는 논문에는 전체 소프트웨어 테스트 라이프사이클에서 LLM을 어디에 적용해보는 연구가 활발한지 숫자로 표현한 내용이 있다. 그 결과 요구사항 정의부터 설계까지는 거의 LLM이 활용되지 않았다. 즉 해당 과정은 사람이 직접 하는 것이 적합하다고 판단했다고도 할 수 있다. 테스트 시나리오 생성, 테스트 및 버그 리포팅, 버그 수정(Bug Fix) 및 회귀테스트(Regression Test) 등에 LLM과 연관된 많은 연구

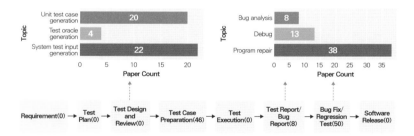

전체 소프트웨어 테스트 라이프사이클에서 LLM의 적용 가능 영역을 보면, 사람이 해야 할 일과 AI의 도움을 받아야 할 일이 구분됨을 알 수 있다. 사람과 AI가 협업할 영역, 그리고 사람이 집중해야 할 영역을 알 수 있는데 이 논문에서 테스트 시나리오 생성, 테스트 및 버그 리포팅, 버그 수정 및 회귀테스트 등에 LLM과 연관된 많은 연구가 진행중임을 볼 수 있다.

출처: Software Testing with Large Language Models: Survey, Landscape, and Vision
https://arxiv.org/abs/2307.07221 논문

미래 부의 지도

가 진행중임을 볼 수 있다. 이는 소프트웨어 테스트 영역에 있어서 사람과 AI의 역할이 이렇게 나눠질 수 있다는 의미로 볼 수도 있을 것이다.

이런 논문을 바탕으로 다시 개발에 대해 살펴보자. 지금의 생성형 AI의 능력 수준은 단순반복적인 일들이나 전체 틀을 잡아 가는 업무 초기 단계에서는 AI가 짧은 시간 내 훨씬 잘할 수 있다. 즉 모든 직업에서 '초급'이란 레벨이 붙는 사람들은 사실 위태로우며, 개발자의 경우 간단하게 업무를 설명할 수 있는 개발이거나 독립적으로 혼자 수행할 수 있는 개발 업무라면 챗GPT가 충분히 할 수 있을 것이다. 즉 초급 개발자들의 입지는 챗GPT의 등장으로 줄어들 수 있다.

하지만 전체 프로젝트의 큰 그림 안에서 새로운 시스템을 구축하거나, 기존의 레거시와 연동되는 시스템이든 복잡도가 있는 환경에서의 전체 아키텍처를 고려해서 효율적으로 개발하는 것, 그리고 여러 프로젝트 구성원들과 함께 협업을 통해서 코드를 맞추는 등의 작업들은 챗GPT가 아직은 감히 해낼 수 없는 작업이다. 왜냐하면 이는 주어진 환경과 그 환경 내에 연관된 많은 눈에 보이지 않는 관계들을 정확하게 파악하는 것이 어렵기 때문이다. 또 생각보다 프로그래밍이란 영역은 매번 그 구현 환경이 변화하고 달라지며, 잘 구현하기 위해서는 인간의 창의성과 혁신성을 비롯하여 그 과정을 끌고 가는 개발문화도 함께 반영되어 있기 때문이다.

전 세계적으로 인력난을 호소하는 개발자의 레벨은 단순히 '개발자'란 직업 타이틀을 가진 사람이 아니라 '숙련된 고급 개발자'의 부족이라고 보는 것이 맞을 것이다. 그리고 이건 비단 개발자뿐만 아니라 모든 업무에 동일하게 해당되는 상황일 것이다.

챗GPT가 고도화 되는 데 시간이 그리 오래 걸리진 않을 것이다. 우린 이제 모두 어느 분야에 종사하든 전문가가 되어야 하고, 숙련되고 노련해야 한다.

실제 당장 코딩을 돕는 AI 서비스를 떠올려보면 2022년에 6월 출시된 깃허브(GitHub) 코파일럿(Copilot)이 먼저 생각날 것 같다. 오픈AI의 GPT-3 기반에 마이크로소프트의 깃허브의 코드 데이터로 파인튜닝한 코덱스(Codex)로 만들어진 AI이다. 깃허브 코파일럿은 코드 앞부분을 입력하며 자동으로 코드를 완성해주거나 주석으로 원하는 기능을 입력하면 특정 함수 코드 전체를 완성하는 기능을 제공했다. 이후 2023년 3월에 GPT-4 기반의 코파일럿X(Copilot X)가 출시되었다. GPT-4 기반이라 훨씬 다양하고 풍부한 확장 기능들을 제공한다. 코드 속의 오류를 찾거나 특정 함수에 대한 유닛테스트도 AI가 알아서 해주며, 프로그래밍에 대한 질문들도 코파일럿에 질문하면 바로 해당 명령어를 대신 실행해준다.

이에 대해 깃허브 CEO인 돔케는 코파일럿 X로 개발자의 생산성은 최대 10배 높아질 수 있으며, 앞으로 몇 년 안에 프로그램 코드의 80%는 AI가 만들어낼 것이라고 전망했다. 그리고 2023년 12월 코파일럿챗(Copilot Chat)이 출시되었는데 프로그래밍 전용 AI 챗봇으로 코드 추천, 단위 테스트 작성, 코드 디버깅 등을 제공하며 다양한 프로그래밍 언어를 지원한다.

돔케 CEO가 말한 숫자들은 아마도 약간의 오차는 있을 수 있지만 기본적으로 프로그래머들의 시간들을 혁신적으로 단축시켜줄 것은 분명해 보인다. 그리고 깃허브 코파일럿은 기본적으로 프로그램 코드의 일부를 개발자가 입력해줘야만 자동완성으로 전체 코드를 만들어내므로 당분간은 현재 개발자를 100% 대체할 수는 없다.

깃허브 코파일럿 시리즈 외에도 딥마인드의 알파코드(Alpha Code) 시리즈도 있다. 알파코드에 대해서는 한 가지만 언급하고 넘어가겠다. 구글이 멀티모달 AI인 제미나이를 출시하면서 제미나이를 기반으로 경쟁 프로그래밍에 특화한 알파코드 2를 개발했는데, 약 200여 개의 파이톤 코드를 작성하는 테스트에서 정답률이 75%가 나왔으며 코드 체크 및 수정에 대해서는 무려 90%의 정답율을 나타냈다. 그래서 2022년 발표한 알파코드는 경쟁 프로그래밍에서 상위 50%에 들어가는 프로그래밍 능력을 갖추고 있었으며, 알파코드2는 상위 15%에 들어갈 정도로 코딩 능력이 향상되었다.

진격의 엔비디아! 엔비디아의 거침없는 질주! 엔비디아는 AI 시대에 빛나며, 2023년에는 시가총액 1조 달러를 기록한 후 8개월 만에 2조 달러를 돌파했다. CEO 젠슨 황은 AI가 전 세계적으로 중요한 시대에 진입했음을 강조하며, AI의 수요가 더욱 증가하고 있다고 설명했다. 이러한 AI 기술은 빅테크 기업뿐만 아니라 금융 분야와 콘텐츠 산업에서도 긍정적인 변화를 가져오고 있다.

7장

AI 기술 변화로
바뀌는 기업 전략

2조 달러 클럽에 들어간 기업, 엔비디아

엔비디아는 미국 증시에 상장된 후 2023년 시가총액 1조 달러까지 기록하는 데
24년이 걸렸다. 하지만 AI 시대, AI 혁명에 대한 기대감 때문일까?
이후 시가총액이 2조 달러에 도달하는 데 걸린 시간은 단 8개월이었다.
시가총액 2조 달러는 곧 미국 상장기업 중에서
마이크로소프트와 애플에 이어 세 번째 규모였다.

2023년 엔비디아의 시가총액은 AI라는 물결을 타고 2배 이상 증가해 1조 달러를 넘어섰다. 하드웨어 칩 회사로서는 최초로 1조 달러 클럽에 가입하기도 했다.

엔비디아가 미국 증시 상장 이후 2023년 시가총액 1조 달러까지 기록하는 데는 24년이 걸렸다. 하지만 AI 시대, AI 혁명에 대한 기대감 때문일까? 시가총액 2조 달러까지 도달하는 데에는 8개월밖에 걸리지 않았다. 참고로 애플은 약 2조 7,900억 달러의 가치로 1위이며, 2022년 기업 가치가 3조 달러가 된 최초의 기업이다.

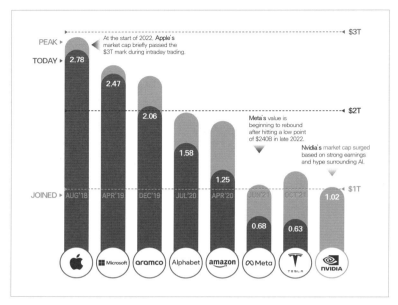

At the start of 2022, **Apple**'s market cap briefly passed the $3T mark during intraday trading.

Meta's value is beginning to rebound after hitting a low point of $240B in late 2022.

Nvidia's market cap surged based on strong earnings and hype surrounding AI.

2023년 5월 엔비디아가 1조 클럽에 가입했으며, 당시 엔비디아의 폭발적인 성장이 계속될 것인지, 일시적일 것인지 궁금해했으나, 이후 엔비디아는 불과 8개월 만에 다시 한번 시가총액 2조를 넘어섰다.

출처: Visual Capitalist.com Ycharts, companiesmarketcap.com

엔비디아는 30년 전 3D 컴퓨터 그래픽카드로 시작해서 비디오게임 칩 분야의 강자로 거듭나다가 지난 몇 년 동안 데이터센터 시장으로 방향을 틀게 된다. 게임 산업이 활발해지면서 클라우드 도입이 급증했고, 또한 암호화폐 애호가들이 코인 채굴을 위해 칩을 사용하게 되면서 회사의 사업이 급속도로 확장된 것이다. 그리고 지금은 H100과 같은 고성능 칩을 생산한다.

‖ 부의 흐름을 쥐고 흔드는 AI ‖

챗GPT가《타임》지의 표지 모델로 등장할 정도로 2023년을 뜨겁게 달궜던 생성형 AI 시장에서 GPU(그래픽 처리장치) 칩은 챗GPT를 포함한 다양한 LLM들을 학습하고 운영하는 데 필수적이며, 현재 품귀현상이 있을 정도로 수요가 공급을 따라가지 못하는 상황이다. 그리고 그 칩의 80%는 엔비디아에서 생산된다.

엔비디비아의 2023년 4분기 실적은 어땠을까? 4분기 매출이 29조 원, 순이익이 불과 1년 만에 무려 9배나 올랐다는 실적도 놀랍지만, 젠슨 황 CEO는 AI가 이제 전 세계적으로 티핑포인트, 즉 임계점에 도달했으며, 전 세계의 전 분야에서 수요가 폭증한다는 말로 이 실적이 끝이 아님을 예고했다. 실제 JP모건이나 뱅크오브아메리카 등 미국 월가는 목표 주가를 상향 조정하기도 했다.

엔비디아의 깜짝 실적 발표는 엔비디아의 시가총액을 하루 만에 약 368조 원이 증가한 1조 9,630억 달러로 올려놓았으며, 젠슨 황 CEO의 자산 가치 역시 하루 만에 약 10조 6,000억 원이 증가하며 세계 20대 갑부 진입이 목전이다. 실제 AI가 부의 흐름, 부의 지도를 쥐고 흔들 수 있음을 엔비디아에서 보고 있는 것이다.

회사명과 다른 길을 선택한 기업, 메타

메타는 오픈 소스 기반의 거대 언어 모델 라마(Llama)와
메타의 소셜미디어에서 축적된 데이터들을 기반으로
생성형 AI 비서인 메타 AI, AI 기반의 이미지 편집이 가능한 인스타그램,
개발자와 창작자 등 자신만의 AI 기반 봇 등이
AI 분야에서 획기적인 AI 서비스를 구축할 것이라고 했다.

2021년 10월 말, 페이스북(Facebook)의 CEO인 마크 저커버그(Mark Zuckerberg)는 사명을 페이스북에서 메타(Meta)로 바꾼다고 선언했다. 그 이유는 페이스북이란 브랜드가 자신들이 하고 있는 모든 것을 담아내지 못하기 때문이라는 것이다. 즉 소셜 미디어 플랫폼으로만 알려지고 싶지 않으며, 메타버스 회사로서 자신들의 정체성을 정착시키고 싶었다고 한다. 지금까지 굳건하게 쌓아온 브랜드 이미지를 모두 포기하고 메타로 사명을 바꾼 페이스북은 이젠 메타버스에 올인할 것 같았다.

메타가 새롭게 공개한 로고. 미국캘리포니아 주 멘로파크 본사에서 엄지손가락의 '좋아요' 로고 대신 파란색 '시그마(무한대) 기호'의 새로운 로고를 공개했다.

출처: BBC

‖ 메타는 메타버스를 버렸을까? ‖

사실상 메타는 회사의 연구 개발 지출 중 가장 큰 부분이 가상현실 분야에 있었고, 그런 이유로 메타 런던에 있던 많은 핵심 NLP 연구자들은 회사를 떠났다.

당시 VR 기술을 미래의 사업으로 내세웠지만, 2022년 메타의 리얼리티 랩스(Reality Labs) 사업부는 137억 달러의 운영 손실을 발표했다. 2023년 봄, 메타의 메타버스는 점점 빛을 잃어갔으며, 마크 저커버그는 다시 AI를 언급하기 시작했다.

그럼 '메타'는 '메타'버스를 정말 버린 것일까? 결론부터 말하자면, 메타에서 메타버스는 여전히 중요한 미래이다. 다만 메타버스에서 AI 기술이 해야 할 역할을 강조하는 방식으로 현재의 LLM을 담아내고 있는 게 아닌가 싶다. 메타의 2023년 2분기 실적 발표에서 AI라는 표현은 50~60번이 언급되었다고 한다.

‖ AI 생태계를 바꿀 메타의 승부수, 오픈 소스 라마2 ‖

메타는 2023년 7월 라마2(Llama2) 모델을 출시했다. 무료이면서 상업적 용도로 사용할 수 있는 오픈 소스로 공개했다. 이는 개발자, 연구원, 스타트업에게 환영받았으며, 메타는 라마2를 오픈 소스로 공개하면서 오히려 안전과 보안 등 자발적인 개발자들의 참여로 모델이 발전할 수 있다는 것을 강조했다. 마치 생성형 AI에서 메타의 라마는 PC 운영체제 시장에서 마이크로소프트 윈도우즈와 경쟁하는 오픈 소스인 리눅스(Linux)와 비슷하다. 리눅스 소프트웨어가 전세계 기업 서버에서 중요한 역할을 하는 만큼 메타는 라마가 그러한 역할을 할 것을 기대하는 듯하다.

2024년 1월 메타의 마크 저커버그는 페이스북 본인 계정에 2024년 말까지 엔비디아 그래픽카드(H100) 35만 장이 더 필요하다고 언급했다. 이렇듯 고성능 그래픽 처리장치(GPU)를 대량으로 확보하며 라마3의 개발을 예고하기도 했는데, 이는 인공일반지능(AGI)으로 가는 중요한 발걸음이 될 것이다.

미래 부의 지도

그리고 2024년 2월, 구글이 오픈 소스 AI 모델 젬마(Gemma)를 공개했다. 어떻게 보면 오픈AI와 같은 폐쇄형 AI 개발을 해온 구글이 새로운 AI 모델을 오픈 소스로 배포했다는 점에서 오픈 소스가 가지는 강점에 힘을 실어주는 느낌이다. 오픈 소스 모델 중 최고 수준의 성능이라는 구글의 주장에 따라 오픈 소스 모델에서의 새로운 경쟁 구도 역시 지켜볼 만하다.

피보팅으로 유니콘이 된 기업, 허깅페이스

허깅페이스는 AI 개발을 더 빠르고, 간단하고, 효율적으로 하고자 한다.
전문가 도구보다는 간단한 개발자 도구에 지향점이 있다.
오픈AI가 주도하는 폐쇄적인 LLM 진영의 반대편에서 오픈 소스 기반의
머신러닝 커뮤니티의 혁신과 협업, 지식을 공유하는 커뮤니티 협업,
접근성, 효율성 및 전문 포트폴리오 구축 기회를 강조한다.

　　생성형 AI 시대에 역대 가장 멋진 피보팅을 한 회사를 소개하려고
한다. 바로 허깅페이스다.

　　피보팅(Pivoting)이란 원래는 '축을 옮긴다'라는 뜻의 스포츠 용어
이다. 그것이 스타트업계에서는 사업체의 인적 구성이나 기본적인
핵심 기술에 변화를 주지 않으면서 기존 사업 아이템을 포기하고 사
업 방향 전환을 한다는 의미로 쓰이고 있다.

‖ 업계 유니콘이 된 허깅페이스의 출발 ‖

허깅페이스(Hugging Face)는 2016년 뉴욕에 설립된 청소년들을 위한 새로운 챗봇 앱을 만드는 스타트업이었다. 챗봇을 통해 디지털 친구를 생성해 문자 메시지를 주고받고 셀카를 교환할 수 있는 앱이었다. 농담을 하고, 하루 일과를 이야기 나누고, 항상 매일 대화할 친구가 되는 영원의 절친 콘셉트를 내세운 챗봇 앱이다. 포옹하는 얼굴 이모티콘의 이름을 딴 이 챗봇은 원래 10대들을 겨냥한 것으로 젊은 사용자들 사이에서 큰 인기를 얻었다. 매력적이고 유머러스한 인터렉션으로도 유명했다. 다만 문제는 챗봇의 성능이 좋지 않다는 것이었다[「Attention Is All You Need(어텐션만 있으면 된다)」 논문이 나오기 전이기 때문에…].

챗봇의 성능에 대해서 잠깐 이야기하자면 사실상 2020년 초 구글 미나(Meena)가 나오기 전까지는 자유대화 챗봇들의 성능이 좋지 않았다. 구글의 미나는 멀티턴 오픈 도메인 챗봇으로 공개된 소셜 데이터들로 학습해 End-to-End로 만들었다. 모델 파라미터셋은 GPT-2의 1.5B보다 큰 2.6B였으며, 학습데이터도 361GB였으며, 구글의 미나 챗봇의 배경이 된 연구 논문은 구글 브레인이 발표한 「Towards a Human-like Open-Domain Chatbot(인간다운 오픈 도메인 챗봇을 향하여)」이었다.

‖ 머신러닝의 깃허브가 되려는 허깅페이스 ‖

　이후 허깅페이스는 코드 공개를 한 후 머신러닝 플랫폼으로 피봇팅을 하게 된다.

　그리고 2021년 3월의 시리즈B 펀딩에서 4,000만 달러를 조달하고, 2022년 5월의 시리즈C 펀딩에서 20억 달러 가치를 인정받으며 1억 달러를 조달해 유니콘 기업에 등극했다. 다시 2023년 8월의 시리즈D 펀딩에서 45억 달러 가치를 인정받으며 2억 3,500만 달러를 조달했으며, 여기에는 세일즈포스, 구글, 엔비디아 등이 투자자로 참여했다.

허깅페이스는 오픈AI가 주도하는 폐쇄적인 LLM 진영의 반대편에서 오픈 소스 기반의 머신러닝 커뮤니티의 혁신과 협업, 지식을 공유하는 플랫폼으로 AI의 미래를 만드는 커뮤니티이다.

출처: 허깅페이스 홈페이지 https://huggingface.co/

허깅페이스는 인공지능을 연구하거나 개발하는 개발자들에게 머신러닝 모델을 구축 및 공유하는 데 필요한 도구와 리소스를 제공하는 회사로 AI를 위한 깃허브(GitHub)라고 이해하면 쉽다. 깃허브가 소프트웨어 개발을 위해 필요한 모델 저장소와 협업 공간을 제공하는 것처럼, 허깅페이스는 머신러닝 모델을 위한 저장소와 협업 공간을 제공한다.

모델 저장소를 통해 커뮤니티 구성원은 사전 훈련된 50만 개 이상의 기계 학습 모델을 저장, 공유 및 검색할 수 있으며, 자신의 데이터셋을 업로드 및 공유하고 기존 데이터셋을 검색 및 다운로드할 수 있다. 그리고 실시간 머신러닝 모델을 배포하고 공유하기 위한 리소스와 도구를 제공한다. 구성원은 공유 액세스를 사용해 모델 성능을 평가하고 모델의 기능과 제한 사항을 더 깊이 이해할 수 있다. 또한 사전 훈련된 머신러닝 모델을 소프트웨어 애플리케이션에 배포하는 데 사용할 수 있는 API도 제공해 다양한 기술을 가진 개발자가 고급 AI 기능을 최대한 쉽게 활용할 수 있도록 해준다.

허깅페이스는 50만 개 이상의 AI 모델과 25만 개 이상의 데이터셋을 호스팅하며, 현재까지 약 1만 명의 유료 고객을 보유하고 있다. 그리고 허깅페이스는 AI 개발의 미래를 만드는 커뮤니티로서 2024년에는 플랫폼 사용자 1,000만 명을 목표로 하고 있다.

AI란 단어를 언급하지 않았던 기업, 애플

본격적인 AI 시대가 되면서 마이크로소프트, 구글, 메타 등
미국의 빅테크 기업들의 모든 기술과 비즈니스 중심에는 AI가 있다.
그런데 어쩐 일인지 애플은 공식적인 컨퍼런스에서조차
AI라는 단어를 잘, 아니 거의 사용하지 않는다.
그들은 정확한 기술용어인 머신러닝이란 단어만 간혹 설명을 위해 쓸 뿐이다.

애플, 마이크로소프트, 알파벳, 아마존, 엔비디아, 메타, 테슬라는 굳이 그들의 시가총액을 언급하지 않아도 세계 최고의 빅테크 기업들이다.

그런데 이 중에서 유일하게 생성형 AI, LLM, GPT 등 요즘 시장의 핵심 키워드를 이야기하지 않는 기업이 있다. 그 기업은 바로 애플(Apple)이다.

‖ 애플의 철학과 AI ‖

2023년 6월 WWDC(세계 개발자 회의) 23에서 대부분은 애플이 생성형 AI 혹은 AI 이야기라도 할 것이라고 기대했지만, 2시간 남짓한 WWDC 기조연설에서 애플은 iOS 17 노트북과 헤드셋 비전 프로(Vision Pro), 즉 제품 소개만 할 뿐 AI에 대한 이야기는 없었다.

2023년 1년 동안 각종 개발자 컨퍼런스, 뉴스 기사, 실적 발표 등에서 생성형 AI는 빠지지 않고 언급되었다. 하지만 애플은 예외였다. 그 이유를 애플의 제품에 대한 철학 관점에서 보면 충분히 이해가 된다.

애플의 상반기 연례 행사인 WWDC 23 모습. 이 행사에서 애플은 많은 기대를 모은 '애플 비전 프로(Apple Vision Pro)'를 공개했다. 디지털 콘텐츠와 실제 세계를 혼합한 세계 최초의 공간 운영 체제인 Vision OS에서 실행되는 혼합 현실 헤드셋이다.

출처: Apple 홈페이지

애플은 기술을 강조하지 않고 제품을 강조한다. 제품과 제품을 활용할 수 있는 콘텐츠, 그리고 그 콘텐츠를 유통할 수 있는 스토어, 이 3가지가 완벽히 갖춰지기 전까지는 제품이 출시되지 않는다. 애플은 AI라는 기술을 애매하게 언급하기보다는 머신러닝이란 용어를 사용했고, 시리(Siri)와 같이 AI를 통해 혁신을 계속적으로 해왔지만 기술보다는 사용자 경험에 늘 초점이 맞춰져 있다.

‖ AI란 단어에 알레르기가 있는 듯한 애플 ‖

애플은 아이팟, 아이폰을 비롯한 모든 제품 및 서비스에서 기술보다는 사용자 경험의 혁신을 우선 설명해왔고, AI 기술 자체가 아니라 고객이 AI를 어떻게 경험할 것인가를 중요하게 생각해왔다. 어찌 보면 고객은 AI 기술을 공부할 필요도 없으며, 제품이 아닌 기술로는 눈에 보이지 않는 AI를 굳이 설명하지 않는 것이다.

하지만 애플GPT(AppleGPT)에 대한 이야기는 계속 나오고 있다. 물론 애플의 입이 아닌 주변으로부터 나오는 소문에 가깝다. 애플GPT가 제품화보다는 우선 내부 엔지니어가 활용하기 위한 챗봇으로 활용되고 있다고도 하고, LLM 개발을 위한 내부 프레임워크 설계가 진행중이라고도 하며, 내부 LLM의 성능이 GPT 3.5보다 뛰어나다는 이야기도 있다. 혹은 애플의 생성형 AI에 대한 기술은 빅테크들의 그것보다 한참 뒤처져 있다는 소문 역시 존재한다. 그리고 2023년 3월에는 매우 흥미로운 애플의 행보가 보여지는데, 하나는 아이폰에 구글 제미나이를 탑재하는 시도에 대한 기사였고, 다른 하나는 중국의 바이두 AI 모델 탑재를 시도한다는 기사였다. 이 두 기사를 통해 많은 언론은 '애플의 AI는 망한 것이 아니냐'는 기사부터 '애플의 마음이 조급하다'는 등의 기사들을 쏟아냈다.

하지만 잘 생각해보면 애플의 생태계 중심에는 늘 디바이스와 그 디바이스와 너무나도 합이 잘 맞는 서비스들이 존재했다. 애플은 그 어떤 기업보다도 기술이 기술로써 남기지 않고 좋은 서비스로 환원해내는 것을 가장 잘하는 기업이다. 이런 점들을 생각한다면 애플의 실패를 점치는 것은 섣부른 판단이다. 애플은 온디바이스 AI 시대에 가장 핏(Fit)이 잘 맞는 AI 모델을 찾느라 시간이 좀더 필요한 것뿐이다.

확실한 건 생성형 AI 기술을 위한, GPT 자체를 위한 기술 공개는 없지 않을까 예상한다. 제품에 어떻게 활용될지에 대한 전략이 나올 때, 아니, 실제 제품 속에 자연스럽게 스며들어 있는 실물 제품이 나올 때 우리는 애플의 생성형 AI 이야기를 들을 수 있지 않을까 기대해본다.

금융권 최초의 GPT를 가진 회사, 블룸버그

블룸버그가 블룸버그GPT라는 생성형 AI 모델을 2023년 3월 공개했다.
금융은 가장 데이터 집약적인 산업 중 하나이다.
생성형 AI를 적용하기에 가장 좋은 분야 중 하나일 수 있다.
시장 동향, 위험 평가, 포트폴리오 최적화 등 복잡한 금융 정보를 처리하는 등
금융 분야에서의 새로운 혁신을 기대할 수 있게 되었다.

챗GPT의 놀라운 등장 이후 다양한 분야에서 도메인 특화된 GPT 모델들이 공개되고 있으며, 금융 분야도 예외는 아니다.

2023년 3월 말, 금융경제 정보를 중심으로 뉴스, 분석 정보를 서비스하는 미국의 종합 미디어 그룹인 블룸버그(Bloomberg)는 막대한 양의 금융 데이터로 훈련된 500억 개의 매개변수를 갖춘 대규모 언어 모델인 블룸버그GPT(BloombergGPT)를 소개하는 논문을 발표했다. 이 논문에서는 금융 산업의 복잡성과 고유한 금융 용어를 처리하기 위해 금융 특화 데이터셋으로 훈련된 AI가 필요하다고 언급했

으며, 이는 금융 산업 내 다양한 자연어 처리(NLP) 작업을 지원하기 위한 방편이라고 설명했다.

‖ 최초의 금융 특화 GPT 탄생의 원동력 ‖

블룸버그GPT는 금융 영역에 초점을 맞춘 최초의 대규모 언어 모델(LLM)이다. 이 모델은 회사가 40년 이상 비즈니스를 하면서 수집한 방대한 데이터를 포함하고 있으며, 이 모델을 통해 블룸버그는 훨씬 더 강력한 감정 분석, 개체 인식, 뉴스 분류 및 질문 답변을 수행할 수 있다고 언급했다.

물론 잘 알려진 GPT-4, 챗GPT가 강력한 모델인 것은 사실이나 이는 범용적인 일반 지식에 대해 훈련된 일반 모델이다. 이런 상황에서 블룸버그가 블룸버그GPT 모델을 직접 개발하고 보유한다는 것은 바로 AI 기술만큼이나 업력에서 나오는 금융 데이터가 매우 중요하다는 것을 보여준다. 블룸버그가 40년 비즈니스로 축적한 금융 데이터는 어느 누구도 엑세스할 수 없는 고유한 블룸버그의 경쟁력이라는 의미이다.

블룸버그GPT 모델은 금융 특화 데이터(FINPILE)가 51.27%, 비금융 데이터가 48.73%로 데이터셋이 구성되어 있다. 금융 특화 데이터의 경우 수십 년 동안 블룸버그가 수집하고 큐레이팅한 금융 뉴

소스	비중	토큰
금융 웹	42.01%	2,980억
파이낸셜 뉴스	5.31%	380억
회사 서류	2.04%	140억
보도 자료	1.21%	90억
블룸버그 콘텐츠	0.70%	50억
합계	51.27%	3,640억

블룸버그GPT 훈련에 사용된 블룸버그 데이터를 FINPILE이라고 부르며, FINPILE은 금융 웹, 파이낸셜 뉴스, 회사 서류, 보도 자료, 블룸버그 콘텐츠의 5가지의 콘텐츠 소스로 구성된다.

출처: 블룸버그

스, 회사 재무 서류, 보도 자료 및 블룸버그 뉴스 콘텐츠가 포함되며, 2007년 3월 1일 부터 2022년 7월 31일까지의 훈련 기간에 사용된 블룸버그 데이터를 FINPILE이라고 부른다. FINPILE은 금융 웹, 파이낸셜 뉴스, 회사 서류, 보도 자료, 블룸버그 콘텐츠 등 5가지 주요 금융 콘텐츠 소스로 구성된다.

‖ 블룸버그GPT 모델의 시사점 ‖

블룸버그GPT의 등장은 더 많은 산업 분야에서 특화 모델의 등장으로 이어졌다. 그 결과 오픈AI의 챗GPT나 GPT-3 등과 같은 범용 AI 모델이 항상 가장 효과적인 것은 아니라는 인식도 생겼다.

여기에는 단지 데이터에 대한 경쟁력 외에도 몇 가지 이유가 있는데, 금융 관점에서 살펴보자면 우선 맞춤형 모델 개발이 가능하다는 점이다. 직접 LLM을 제어할 수 있기 때문에 비즈니스 요구 사항에 맞춰 모델을 자유롭게 세부 조정할 수 있으며, 산업별 전문 용어나 내부 지식을 바탕으로 모델을 학습하기가 용이하다.

또한 LLM을 직접 소유하기 때문에 데이터 보안 측면에서 탁월하다. 외부 LLM을 사용할 경우 민감한 정보가 외부로 전송되고 저장될 수 있다는 잠재적인 위험도 존재한다. 비즈니스가 다양하게 발달함에 따라 모델을 자유롭게 조정하고 수정할 수 있어 장기적으로는 자체 LLM을 가질 경우 좀 더 비용 효율적으로 유연하게 모델 관리가 가능하다. 자체 데이터로 모델을 미세 조정하면서 학습 가능하므로 궁극적으로는 모델의 정확도가 높아질 수 있다. 보안상 네트워크 엑세스가 제한되거나 모델 학습에 필요한 데이터가 인터넷에 연결된 네트워크에서 분리되어 있어야 할 경우에도 중단 없이 LLM을 계속 운영할 수 있다.

이렇듯 자체 LLM을 가질 경우의 장점들이 있지만, 기존의 성능 좋은 LLM을 활용하면서 미세 조정 및 임베딩 기술을 통해 성능을 향상시켜 사용하는 것이 유리한 경우도 많다. 새로운 특화 LLM을 개발하는 것이 더 유리할지는 도입하는 기업이나 조직의 도입 목표, 보유 리소스, 내재 기술 역량 등의 다양한 환경 변수를 고려해 결정해야 할 것이다.

확실한 점은 금융 분야에서의 블룸버그GPT의 개발은 금융 산업 내 AI 적용에 있어서 중요한 이정표가 될 것이라는 사실이다. 고객에게 제공하는 서비스를 향상시키기 위해 금융 분야에 초점을 맞춘 최초의 생성형 AI를 개발한 블룸버그가 어떻게 인공지능을 활용해 금융 분야를 선도하는지 기대해보자.

미래 부의 지도

AI 콘텐츠 라이선스 생태계를
만든 회사, 셔터스톡

셔터스톡은 세계 최대의 스톡 사진 사이트 중 하나다.
이 회사는 콘텐츠 사업과 동시에 지적 재산을 보호하는 사업도 하고 있으며,
생성형 AI를 통해 생성된 이미지에 대해 보다 관대한 접근 방식을 취하고 있다.
그래서 누군가의 콘텐츠가 AI 모델을 훈련하는 데 사용될 경우
로열티 라이센스 비용으로 지불할 수 있는 기여자 기금을 설정했다.

셔터스톡(Shutterstock) 이야기를 하기 전에 게티이미지(Getty Images) 이야기를 먼저 시작해보려고 한다. 우선은 셔터스톡, 게티이미지 둘다 고품질 스톡 사진, 벡터, 일러스터, 동영상, 이미지 등을 포함하는 콘텐츠 구매 플랫폼이라는 공통점이 있다. 또한 현재 생성형 AI 시대를 맞이해 둘 다 자사 플랫폼에 업로드되는 방대한 콘텐츠 중 AI 생성 콘텐츠를 식별해야 하는 이슈를 가졌다는 부분은 동일한데 흥미로운 부분은 이 두 회사의 AI 저작권에 대한 대응이 상당히 다르다는 것이다.

‖ 스테이빌리티AI를 고소한 게티이미지 ‖

게티이미지는 2023년 초 텍스트 및 이미지 프롬프트에서 실사 이미지를 생성하는 생성형 AI 모델인 스테이블 디퓨전(Stable Diffusion)을 공개한 스테이빌리티AI(Stability AI)을 무단 이미지 사용 혐의로 고소했다.

내용인즉 스테이블 디퓨전 모델이 학습데이터로 사용한 LAION-5B 데이터셋에서 게티이미지의 이미지가 무단으로 도용되었다는 것이다. 스테이빌리티AI 회사가 엄청난 규모의 게티이미지의 지적재산권을 뻔뻔하게 침해했으며, 아무런 허가 없이 게티이미지의 데이터베이스에서 1,200만 개 이상의 이미지를 복사함으로써 회사의 저작권 및 상표권을 모두 침해했다는 건으로 소송을 제기한 것이다. 여기에서 핵심은 스테이빌리티AI가 상업적 이익 도모를 위해 라이선스 없이 불법적으로 활용해서 콘텐츠 제작자에게 손해를 끼쳤다는 것이다. 이 소송은 2024년 초 현재도 진행중이다.

그리고 같은 해 9월, 게티이미지는 오픈AI의 달리와 메타AI의 메이크어씬(Make-A-Scene)이 제작한 이미지를 포함한 AI가 생성한 예술작품을 자사 플랫폼에서 금지한다고 발표했다. 이는 AI로 생성된 이미지와 관련된 현재의 저작권법이 제대로 정착되지 않았다는 것을 의미한다.

‖ AI 저작권 문제를 돌파하는 서터스톡의 스마트함 ‖

이렇듯 생성 AI와 대립 중심의 정책을 펴는 게티이미지와는 달리 서터스톡은 비슷한 듯 다른 행보를 보이고 있다.

셔터스톡은 2023년 1월 올인원 크리에이티브 플랫폼이라는 자사 플랫폼에 생성형 AI를 도입한다고 발표했다. 오픈AI, 메타, LG AI 연구원과 같은 업계 생성형 AI를 연구 개발하는 회사들과 이미 지난 2년 동안 전략적 파트너십을 맺었으며, 2023년 7월에는 기존 오픈 AI와의 계약을 확장해 스타트업에 AI 모델을 위한 학습데이터를 제공할 계획이라고 발표했다. 이로써 향후 6년 동안 오픈AI는 이미지, 비디오, 음악은 물론 관련 메타데이터를 포함한 데이터에 대해서 셔터스톡의 라이선스를 제공받게 된다.

그리고 2023년 3월에 시작된 엔비디아와의 협업으로 셔터스톡은 8월에 사용자가 텍스트 설명을 입력하기만 하면 맞춤형 3D 모델을 생성할 수 있는 새로운 AI 기반 도구를 공개했다. 이어 10월에는 크리에이티브AI(Creative AI)라는 생성형 AI 도구에 7억 개가 넘는 이미지 라이브러리를 활용할 수 있도록 제공했다. 이 모든 행보를 보면 셔터스톡은 생성형 AI 관련 기업과의 적극적인 협업을 통해 자연스럽게 저작권 문제도 해결하고, 회사 이익도 도모하고 있는 것으로 보인다.

How is Shutterstock responsibly powering the creative future?

Video: Artist Chats About Using AI as a Creative Partner
Artist and storyteller Jah Reynolds tackles the difficult questions surrounding AI art, how he uses it, and how it is changing expression.

How Shutterstock Is Building Ethical AI
Shutterstock's Senior Director of Artificial Intelligence and Data Science explains how she's building a team to develop ethical AI systems.

How to Write Better Prompts for Generating AI Images and AI Art
Learn to generate images by writing quality text prompts. Get tips and tricks to adjust your text and create imagery without limits.

Free AI Ebook: How to Use Generative AI for Commercial Work
In this report, we've created a practical guide for creative and marketing professionals on how to use generative AI for real work. Download now!

셔터스톡은 홈페이지에서 AI 기술을 책임감 있게 도입해 고객들이 처음부터 완벽한 이미지를 만들거나 AI 기반 편집 도구를 사용해 기고자들이 생산한 이미지를 수정함으로써 그들의 정확한 요구를 충족할 수 있음을 강조한다.

출처: 셔터스톡 홈페이지

셔터스톡의 CEO인 폴 헤네시(Paul Hennessy)의 생성형 AI 관련 공식 발표에는 늘 '책임감 있는' '윤리적인'이란 단어가 함께 언급된다. 이는 셔터스톡의 홈페이지에서도 잘 나타난다. 셔터스톡의 생성형 AI 모델에 기여한 아티스트(기여자)에 대해 셔터스톡은 보상을 제공하는 시장 최초의 AI 이미지 생성기라고 표현하고 있다. 즉 기여자의 콘텐츠가 사용될 때 직접 보상을 하겠다는 것이다. 이것이 바로 책임 있는 AI에 대한 셔터스톡의 약속이라는 것이며, 이를 통해 저작권에 대한 피해나 시비가 없고 콘텐츠 사용 고객도 보호하는 신뢰할 수 있는 콘텐츠 플랫폼이 되겠다는 것이다. 시대적 흐름을 빠르게 인정하고 대응하는 셔터스톡의 전략은 매우 스마트한 선택이 되었다.

미래 부의 지도

'잘' 먹고 '잘' 사는 것, 이것을 보통 '웰빙'이라고 한다. 금융 웰빙이란 금융에 대한 이해와 역량이 높아서 미래 금융 상황에 대해 안정감을 느끼고, 재정적인 자유를 가지고 있는 상태라 볼 수 있다. 지금의 AI 기술은 금융 분야에서 우리가 이해할 수 있는 용어와 설명으로 금융 지식을 전달해 재정적인 상황에 대한 조언과 결정을 도울 수 있다. 뿐만 아니라 외부 시장 환경과 개인의 재무 상황, 세대별 특징을 고려해 적절한 자금 관리 방법과 상품을 추천함으로써 현명한 소비를 유도할 수 있다

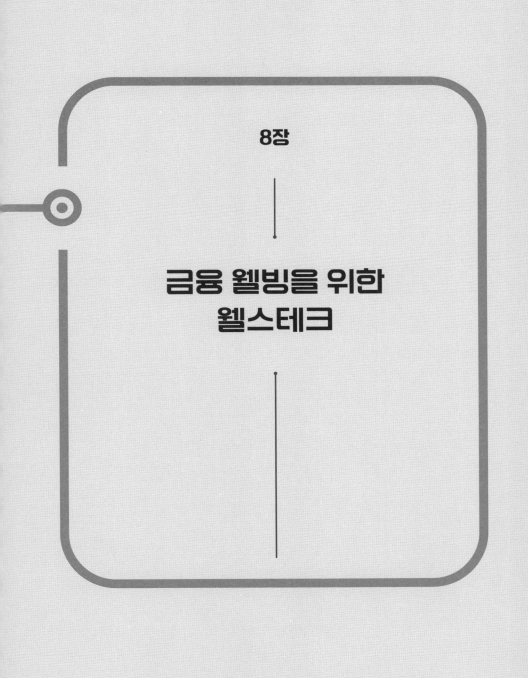

8장

금융 웰빙을 위한
웰스테크

이제는 금융도
웰빙이다

챗GPT와 같은 AI 기술은 금융 웰빙을 위해 내가 이해할 수 있는
용어와 설명으로 금융 지식이나 내 재정적 상황에 대한
조언이나 재무적인 결정을 도와준다. 그리고 나의 재정적 환경뿐만 아니라
외부 시장 환경에 대한 정보를 통해 나의 재무 상황이나 내 금융 환경에
가장 알맞은 상품이나 자금 관리 방법들을 추천해준다.

우리는 매일 돈에 대한 다양한 선택을 한다. 그리고 이러한 크고 작은 선택으로 인한 결정들은 우리 삶 전체에 영향을 미친다. 이렇듯 금융 웰빙은 돈을 관리하는 방식이 자신의 삶 전체에 어떤 영향을 미치는지에 대한 내용을 담고 있으며, 이러한 돈에 대해 각자 자신들만의 여정을 가지고 있기 때문에 AI 기술은 이 여정에서 큰 역할을 할 수 있다.

‖ 금융 웰빙을 하나로 정의할 수 없는 이유 ‖

금융 웰빙이란 개인의 금융 및 재정적 대응력과 안정성을 뜻한다. 즉 일상적인 금융 문제를 충분히 처리할 수 있으며, 미래금융 상황에 대해 안정감과 재정적 자유를 느끼는 것 등이 포함된다. 흥미롭게도 경제적인 활동이 가장 많은 40~50대의 금융 웰빙 수준이 가장 낮은 경우도 있는데, 그 이유는 소득에 비해 지출해야 할 돈이 가장 많은 시기이기 때문이다.

따라서 금융 웰빙은 각 개인별로 생활환경이나 재정 상황이 모두 다르기 때문에 같은 수준의 재정적 숫자에 대해서도 느끼는 정도가 매우 다를 수 있다. 어떻게 보면 삶의 목표나 삶의 자세에 따라서 질병이나 사고와 같은 긴급한 상황을 대처할 수 있는 수준만 갖춰지더라도 안정감을 느낄 수도 있으며, 어떤 사람들은 인생을 즐기고 하고 싶은 일들을 할 수 있는 재정적인 자유가 있어야만 안정감을 느낄 수도 있다.

결과적으로 금융 웰빙은 단순히 재정적 숫자만 가지고는 판단할 수 없다. 결국 내가 스스로 나의 재정 상태를 컨트롤할 수 있는 상태이면서, 재정적 문제가 발생할 경우 충격 완화가 가능해야 하며, 인생을 즐기기 위한 재정적 자유 또한 가지고 있는 상태 등 사람마다 다르게 정의할 수 있다.

미래 부의 지도

‖ 금융 웰빙을 판단할 수 있는 기본 조건 ‖

금융 웰빙을 판단하기 위한 가장 기본적인 조건을 살펴보면 소득, 지출, 저축, 대출, 계획으로 설명이 가능하다.

우선 매달 소득이 얼마인지, 그리고 그에 따른 지출이 얼마인지를 관리하는 소득 대비 지출 관리가 가장 중요한 재정 관리 중 하나인데, 대부분 매달 버는 소득 범위 내에서 지출을 하면서 지출 패턴을 조정하게 된다.

저축은 재정적인 비상 상황이 언제든 일어날 수 있다는 가정하에 단기적 혹은 장기적으로 미래를 계획하는 측면이다. 저축 습관을 통해 일종의 금융 안전망을 구축하는 것이다. 예상치 못한 일로 재정적 안정감을 잃지 않도록 하며, 장기적인 재정적 목표를 유지할 수 있도록 한다.

반면 돈을 빌리는 대출의 핵심은 재정적 자유의 필요성이 생기거나 또는 시기에 민감한 투자 기회를 살리기 위한 것이다. 이때 가장 편리하며 쉬운 대출 옵션이 바로 우리가 가장 많이 활용하고 있는 신용카드이다.

그리고 삶에서 대학 진학, 결혼, 출산, 주택 구입, 은퇴 등 미래에 대한 주요 여정을 계획하는 데 재무적인 계획은 필수이며, 재정 계획을 세워 인생의 목표를 더 빨리 달성하고 본인이 원하는 인생을 살 수 있는 금융 웰빙을 갖출 수 있게 되는 것이다.

‖ AI 기술과 금융 웰빙의 상관성 ‖

그렇다면 챗GPT와 같은 AI 기술은 금융 웰빙을 위해 어떤 역할을 할 수 있을까?

우선 가장 기본적인 것은 챗GPT와 같이 현재 생성형 AI가 가장 잘하는 질의응답 기능을 금융 웰빙에 적용해볼 수 있다. 생성형 AI는 복잡한 문제를 다양한 질문 요구사항에 맞춰서 답변을 잘 할 수 있다. 때문에 내가 이해할 수 있는 용어와 설명으로 금융 지식이나 내 재정적 상황에 대한 조언을 해주고, 재무적인 결정을 도와줄 수 있다.

또한 과거와 현재의 내 소득과 지출 패턴을 분석해서 향후 지출 계획을 수립할 때 현명한 소비생활을 할 수 있도록 도와줄 수 있다. 또한 나의 재정적 환경뿐만 아니라 외부 시장 환경에 대한 정보를 통해 나의 재무 상황이나 내 금융 환경에 가장 알맞은 상품이나 자금 관리 방법들을 제안해줄 수 있다.

본격적인
웰스테크 시대가 온다

앞으로 웰스테크에서 AI, 특히 생성형 AI는 중요한 역할을 할 것이다.
다만 AI 기술 자체보다는 효율성이란 부분에 집중할 것이다.
금융 자문의 질을 높이면서 비용을 줄이고,
복잡한 자산 관리 프로세스도 해결하는 등 AI를 통해 경쟁 우위를 확보해야 한다.
이를 통해 고객 경험을 혁신해 성공 사례를 만드는 데 집중할 것이다.

웰스테크(WealthTech)를 이야기할 때 보통 핀테크(FinTech)를 함께 이야기한다. 금융이란 큰 카테고리 안에서 기술을 통해 다양한 변화들을 만들고 있다는 측면에서 둘은 비슷한데, 다만 핀테크가 웰스테크보다는 좀 더 광범위한 의미로 쓰인다.

핀테크는 은행, 보험, 결제, 대출, 자산관리 등 다양한 금융서비스 분야에 걸쳐 기술을 혁신적으로 활용하는 것을 의미한다. 웰스테크는 핀테크 중에서도 금융기관과 개인투자자를 위한 자산관리 및 투자서비스에 초점이 맞춰져 있다.

웰스테크 기업들은 자산관리, 투자 전략, 투자자의 상황에 대한 전문지식을 가지고 있으며, 주고객은 개인 투자자와 자산 관리 회사이다. 그래서 로보어드바이저(RA), 개인 재무 관리, 투자 플랫폼 등 다양한 응용 분야를 포함하면서 사용자가 좀 더 편리하고 수익성 있는 방향으로 자산을 투자하고 관리할 수 있도록 돕기 위해 인공지능, 빅데이터 분석, 블록체인 등 최첨단 기술들을 활용한다.

개인맞춤화된 포트폴리오 최적화, 위험 평가 및 재무 계획과 같은 자산 관리를 비롯해 개인의 재정 관리를 통한 은퇴 계획을 위해 다양한 디지털 툴을 활용한다. 이를 통해 개인의 저축 계획이나 투자 전략, 퇴직 소득 흐름 등을 확인할 수 있도록 하며, 금융 데이터와 시장 동향 분석을 통한 데이터 기반의 의사결정 및 투자 인사이트를 제공하기도 한다. 물론 시장 환경에 따른 포트폴리오 다각화를 통한 위기관리나 투자 분석 플랫폼을 통한 포트폴리오 최적화, 부동산이나 자산 이전 등 자산 계획에 대한 결정에 필요한 정보 역시 제공해 준다.

기술은 자산 관리의 환경을 계속 변화시키고 있으며, 기술은 계속 발전하면서 이 분야의 지속적인 혁신을 기대할 수 있다는 점에서 웰스테크의 성장은 금융 서비스 분야에서 매우 흥미롭게 지켜볼 부분이다.

‖ 이제 본격적으로 뜨기 시작한 웰스테크 시장 ‖

　시장 측면에서 보면 핀테크는 이미 수많은 플레이어들이 활발하게 비즈니스를 하고 있다. 반면 웰스테크 경우 시장이 빠르게 성장하고는 있으나 자산관리의 복잡성이나 투자 관련 각종 규제로 인해 이제서야 본격적으로 떠오르는 분야라고 할 수 있다.

　웰스테크 분야에서 인공지능은 자동화, 단순화, 접근성 모두를 향상시켰다. 핀테크와 웰스테크에서의 인공지능 활용 현황은 다음과 같다.

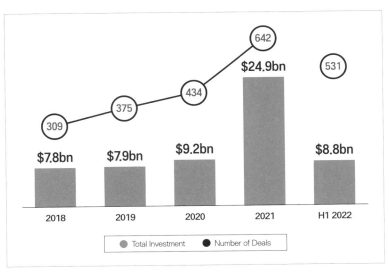

글로벌 웰스테크 투자 현황(2018~2022). 전 세계 웰스테크 거래 수는 2022년 상반기에 완료된 자금 조달 라운드 수를 기준으로 2022년 총 1,062건에 도달할 것으로 예상되며, 이는 전년도보다 65% 증가한 수치이다.

출처: FinTech Global Research

우선 텍스트 기반의 챗봇과 음성 기반의 봇을 활용한 대화형 금융 서비스를 통해 서비스 응답 속도를 높임으로써 고객만족도 역시 높아졌으며, 고객 맞춤형 조언 역시 가능해졌다. 그런 측면에서 대화형 금융서비스는 계정 관리 및 거래에도 활용될 수 있다.

또한 AI 및 ML 도입을 통해 대량의 데이터도 불과 몇 분 안에 원하는 방식으로 분류 및 요약이 가능하다. 이를 웰스테크에서는 현금 흐름 관리를 위한 재무 분석에 이 기술들을 활용해서 예산 편성이나 비용 추적, 현금 흐름 분석 등에서 소득 및 지출 패턴에 대한 인사이트를 얻거나 위험 평가, 시장 동향 분석 등 예측 분석에 활용할 수 있다.

또한 자산을 한 곳에서 중앙 집중화해 관리함으로써 투자, 보험, 부동산, 은행 계좌 등 모든 금융 자산을 쉽고 투명하게 추적할 수 있다. 개인 식별 정보나 민감 정보에 대해서 사기 탐지나 위험 평가를 위해 수집하기 어려운 데이터의 경우 유사한 속성 및 패턴을 가진 데이터의 합성데이터 활용을 통해 해결할 수 있다.

이와 같이 핀테크와 웰스테크의 기술 결합을 통해서 가능한 모든 의사결정을 자동화하고, 불필요한 업무를 줄일 수 있다. 복잡한 절차나 문서, 대기 시간 등을 없앨 수 있고, 산더미 같은 서류 처리가 아닌 실질적인 투자 운용에 집중할 수 있다. 결과적으로 고객과 관리자 모두의 경험이 향상될 수 있는 것이다.

기술의 발전에 따라 새로운 트렌드가 나타나고, 그에 따라 비즈

미래 부의 지도

니스의 형태도 변화한다. 금융 산업에서도 마찬가지다. 생성형 AI와 같이 AI 기술의 놀라운 성장에 따라 분석, 예측 및 개인화에 대한 기술이 놀랍도록 성장했다. 챗GPT와 같은 언어지능의 발달로 고객이 마치 직원과 대화하듯 AI와 대화하고, AI 알고리듬이 추천하는 조언들을 제공받는 것이 일상화될 날도 머지않았다.

밀레니얼, 잘파 세대를 위한
금융 리터러시

밀레니얼 세대가 마냥 어릴 거라 생각했지만
그 세대의 일부는 이미 40대가 되었다.
그리고 그들 중 상당수는 이미 투자를 하고 있다.
그들을 고객으로 영입하기 위해서는 스마트폰, 소셜미디어 등의
플랫폼 활용은 필수이며, 재미있고 교육적인 콘텐츠 역시 구축해야 한다.

요즘 특히 IT, 디지털 분야에서는 '리터러시(literacy)'라는 단어를 많이 사용한다. 리터러시의 원래 의미는 '글을 읽고 쓸 줄 아는 능력'이라는 의미로 '문해력'이라고도 표현하는데, 요즘은 어떤 영역에 대한 이해와 대처 능력을 포함한 전반적인 역량을 의미하는 말로 주로 사용된다.

금융에서의 문해력이란 무엇일까? 금융 리터러시의 범위를 쉽게 풀어내자면 자산을 벌고, 저축하고, 빌리고, 소비하고, 보호하는 것에 대한 것이며, 간단히 한 문장으로 설명하자면 자신의 돈에 대해

미래 부의 지도

매우 현명한 결정을 내릴 수 있는 능력을 말한다. 이제 금융 리터러시에 대해서 이야기를 해보자.

‖ 젊은 투자자를 위한 금융 리터러시 전략 ‖

지금까지의 웰스테크, 자산관리는 돈이 많은 고객을 대상으로 하다 보니 대체로 높은 연령층의 고객이 주대상이었다. 그런데 앞으로는 젊은 투자자들을 조기에 발굴하고 관리하는 것이 필요해질 것으로 보인다.

과거 한참 언급하던 밀레니얼 세대의 경우도 이미 40대가 되었으며, 젊은 투자자들의 금융에 대한 관심이 높아지기도 하여 어찌 보면 고객으로 유치하기에 가장 완벽한 연령대이기도 하다. 그럼에도 불

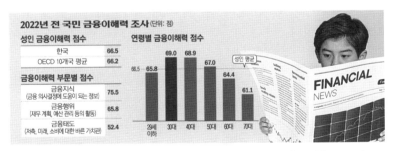

2022년 전 국민 금융이해력 조사 결과. 청년층(18~29세, 64.7점)과 노년층(60~79세, 62.4점)은 전체 평균보다 낮으며, 청년층의 경우 회사에 입사하기 전까지는 금융에 대한 이해도가 매우 떨어지는 것으로 조사되었다.

출처: 이투데이 뉴스 기사 https://www.etoday.co.kr/news/view/2292218

구하고 지난 2022년 전 국민 금융이해력 조사 결과를 보면 29세 이하의 금융이해력 점수가 60대만큼이나 낮다는 것을 확인할 수 있다.

금융 지식은 평생 살면서 가장 중요하게 활용될 지식임에도 학교에서 가르치지 않는다. 이러한 금융에 대해 어릴 때부터 친숙하도록 만드는 것이 필요하다. 실제 많은 국내 금융사들이 밀레니얼 세대를 넘어 Z세대에서 알파(Alpha)세대까지(잘파세대, ZALPHA)의 젊은 투자자를 유치하기 위해서 다양한 금융 콘텐츠를 개발하고 있다. 그리고 그들을 유인하기 위해 AI 기술을 적극 활용하고 있다.

‖ 디지털 네이티브 세대를 위한 금융 리터러시 ‖

Z세대 및 알파세대는 이미 태어날 때부터 스마트폰을 들고 태어난다고 하는 디지털 네이티브 세대이다. 그런 세대에게 금융은 디지털 형태를 띨수록 신뢰도가 높아지고, 그들의 라이프스타일에 좀 더 깊숙이 영향을 미치게 된다.

소셜 미디어나 메신저를 통한 대화가 일상이기 때문에 그들의 소비 습관을 평가하고, 비용을 예측하고, 그 분석 결과에 따라 지출 예산을 잡고 포트폴리오를 관리하는 등의 업무에 대화형 AI를 활용하는 것도 좋다. 그들의 가치관에 맞는 부가서비스들을 그 세대가 즐겨 하며 익숙한 대화형 AI를 활용한다면 금융 이해력 문제를 해결하

미래 부의 지도

Investment Type	Percent of people with These Investments	
	Gen YZ	Baby Boomers+
ESG	37%	7%
Cryptocurrencies(directly held)	34%	3%
Thematic funds	34%	4%
Real estate	18%	15%
Illiquid alternatives	11%	3%
Liquid alternatives	8%	7%

Z세대 및 밀레니얼 투자자들은 자신의 인생 목표 달성을 위해 재무 계획을 전체적으로 다루는 보다 포괄적인 솔루션을 찾고 있으며, 다양한 포트폴리오를 기대한다.

출처: https://www.generalcatalyst.com, Fidelity Investments

는 데 큰 역할을 할 것이다.

금융 리터러시 확보에 Z세대 및 알파세대의 특성을 잘 활용하면 좋다. 기존의 교육 콘텐츠 방식보다는 틱톡(TikTok)과 같은 플랫폼을 활용하는 등 젊은 층의 트렌드를 파악해 그들의 흥미를 유발할 필요가 있다. 이를 다양한 소셜 미디어의 채널을 통해 확산하며, 고객이 콘텐츠 소비에 적극적으로 참여할 수 있도록 유도한다. 그들을 일찌감치 온보딩하도록 해야 하고, 금융사와 지속적인 신뢰 관계를 가져갈 수 있도록 해야 한다.

여기에 최신 AI 기술을 활용해 일상적인 앱으로서 지속적으로 금융 콘텐츠에 대한 사용자 경험을 가질 수 있도록 하며, 재미있는 금융 콘텐츠들을 통해 충성도 높은 잠재 고객들을 구축해나가는 것이다. 아직은 자산 수준이 낮은 잘파세대(Z세대+알파세대) 고객이지만, 그들은 곧 미래의 고액 순자산 고객이 될 것이며, 충성도 높은 고객이 될 것이다.

참고로 세대 간 투자 성향에 대한 흥미로운 통계가 있는데 젊은 세대들은 좀 더 다양한 포트폴리오를 통한 투자를 원한다고 한다. 여기서 Gen Y는 1981~1996년생, Gen Z는 1997~2012년생을 의미한다.

웰스테크 성공방정식에는
데이터가 있다

웰스테크는 로보어드바이저, 디지털 자산 관리 플랫폼, 온라인 투자 플랫폼 등
고객이 돈에 대해 생각하는 방식과 재무 관리자가
고객과 소통하는 방식을 변화시키고 있다.
그리고 기술이 더욱 정교해질수록 상대적으로 데이터 품질이
필수적인 경쟁 차별화 요소가 되면서 데이터에 대한 중요성이 커지고 있다.

웰스테크가 성장하기 위한 성공방정식에서 데이터와 AI 기술의
활용은 필수적이다. 데이터와 AI는 각각 개별적으로도 웰스테크에
서 강력하게 동작하지만, 함께 활용할 때 진정한 잠재력이 발휘될
수 있다. 데이터와 AI 기술의 적절한 조합을 통해서 고객의 개인맞
춤화가 가능해지고, 사용자 경험이나 활용 접근성이 향상되며, 자산
관리에 대한 좀 더 의미 있는 통찰력을 얻을 수 있다.

웰스테크 분야에서 AI 기술이 정확한 예측과 의사결정을 내리기
위해서는 데이터에 크게 의존할 수밖에 없으며, 웰스테크 생태계 전

반에 AI 기술이 광범위하게 사용되면서 목적에 맞는 고품질의 데이터는 웰스테크 분야에서의 성장 방정식에서 중요한 핵심 역할을 할 것이다.

‖ 금융 분야에서 데이터 통합과 분석이 중요한 이유 ‖

일반적으로 금융 분야는 데이터가 풍부하지만 복잡하다. 게다가 자산관리 측면에서 보면 더 복잡하다.

여기서 말하는 데이터는 매우 다양한 형태로 존재한다. 우선 개인 세부 정보, 요구 사항, 행동 등과 같은 고객 데이터가 있다. 그리고 투자 관련 거래, 보유, 성과 등과 같은 고객의 투자 데이터가 있으며, 회사 지표나 성과 등을 포함한 시장 데이터도 있다.

이러한 각각의 개별 데이터들을 통합해 분석할 때 새로운 가치를 찾을 수 있으며, 과거보다 훨씬 더 정확하게 투자 결정을 내릴 수 있는 통찰력을 얻게 된다. 뿐만 아니라 여러 프로세스를 자동화해 비용을 절감하고(고객 서비스 등의 영역에서) 다른 업무에 전념할 수 있는 시간과 자원을 확보하는 등의 생산성 향상, 정확한 의사결정, 통찰력 등을 얻을 수 있다. 즉 흩어져 있는 고객 정보를 한 곳에 얼마나 잘 모으느냐에 따라 전체적이고 포괄적인 조언이 가능해지며, 이는 고객의 개인화 서비스 및 사용자 경험에 직접적으로 영향을 미치게 된다.

미래 부의 지도

‖ 데이터 기반 웰스테크의 중요성 ‖

데이터에 대한 통합된 관점을 갖는다는 것은 자산관리에 필요한 많은 업무 영역에 대한 효율적인 자동화가 가능하다는 의미이다. 또한 좀 더 경쟁력 있는 서비스를 만들기 위한 비즈니스 부서 간의 사일로(Silos: 서로 다른 부서와 담을 쌓고 내부 이익만을 추구하는 현상)를 줄이며 회사 전체의 데이터를 통합 활용하겠다는 마인드셋이 존재한다는 것을 의미한다.

고객에게 좀 더 경쟁력 있는 개인화 서비스를 하기 위해서는 당연

투자 및 자산관리에 대한 마켓맵. 웰스테크 분야에서 90개 이상의 기업을 대상으로 로보 어드바이저, 로봇 은퇴, 소액투자, 디지털 중개, 투자 도구, 포트폴리오 관리, 금융 서비스 소프트웨어와 같이 7가지로 분류했다.

출처: CBINSIGHTS

히 더 나은 데이터 간의 연결이 필요하며, 디지털 네이티브에 가까운 고객일수록 맞춤형 투자 상품 및 서비스에 더 많은 비용을 지불할 의향이 있다고 한다. 자산관리에서 데이터에 대한 중요성은 점점 더 커지고 있다. 제대로 효과적으로 데이터를 활용하기 위해서는 자산관리 플랫폼의 전체적인 워크플로우를 비롯한 백오피스 운영까지의 전체적인 데이터가 필요하며, 데이터의 품질 측면에서도 일관성이 보장되어야 한다. 이렇게 취합되는 풍부한 데이터는 포트폴리오 구성에 대한 투명성을 제공해 자산관리 전문가가 고객에게 개인화된 추천을 하는 데 큰 도움이 된다.

AI 기술을 포함한 디지털 기술들을 통해 고급 포트폴리오 관리 알고리듬(algorithm: 문제를 해결하기 위해 구체적으로 계산하는 절차나 방법)을 활용함으로써 자동화된 투자 조언을 서비스하는 로보어드바이저를 제공하고, 고객의 포트폴리오와 투자를 온라인으로 관리할 수 있도록 해준다. 다양한 인사이트를 얻을 수 있는 데이터를 화상 통화, 채팅 등과 같은 대화형 앱을 통해 제공할 수 있다. 이전에는 자산관리 전문가들이 주로 포트폴리오 배분 결정, 개별 종목 선택 뛰어난 투자 수익을 창출할 수 있도록 정보를 고객에게 일방적으로 제공하는 데 집중했다. 하지만 이제는 고객과 긴밀히 협력해 맞춤형 투자 전략을 개발하고, 자산관리 전문가들은 자산 배분, 세금 조언, 자선 계획에 대한 전문 지식을 활용해 각 고객의 고유한 요구와 선호도에 맞게 맞춤형 정보를 제공할 수 있게 되는 것이다.

로보어드바이저가
투자의 미래일까?

로보어드바이저는 챗GPT와 같은 생성형 AI를 통해
변화하는 시장 상황과 고객 선호도에 맞춰
유연한 투자 전략을 수립할 수 있을 것이다.
또한 고객에게 투자 결정의 근거를 설명해주고,
복잡한 재정 관련 질문에도 답변이 가능해질 것이다.

로보어드바이저(Robo-Advisor)가 처음 등장한 때는 2008~2009년 사이이다. 이때는 세계적인 금융위기로 금리가 떨어지면서 전통적인 금융기관들이 고객들의 부를 쌓는 데 어려움을 겪을 시기였다. 그때 베터먼트(Betterment)나 웰스프론트(Wealthfront)와 같은 회사가 등장해 알고리듬을 사용한 로보어드바이저로 고객의 자금을 투자하면서 투자가 다양화되기 시작했다.

로보어드바이저는 고객 개인의 재무 목표에 따라 투자 포트폴리오를 자동으로 관리해주는 온라인 투자 플랫폼이다. 기계 학습 기반

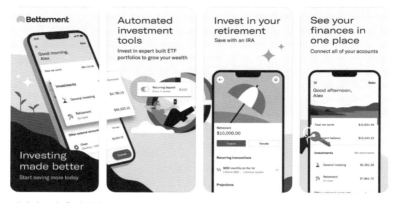

베터먼트의 홈페이지 및 앱스토어에서 설명하는 베터먼트의 주요 서비스에 대한 이미지. 베터먼트는 디지털 투자, 은퇴 및 현금 관리 서비스를 제공하는 미국의 금융 자문 회사이다.

출처: Betterment 자사 제공

알고리듬을 사용해 고객에게 재무 목표 평가, 투자자의 위험 평가, 주식 투자 및 은퇴 계획을 위한 전체 포트폴리오 관리 및 투자 조언을 제공한다.

금융권에서의 광범위하게 진행된 디지털 전환은 고객이 기술 기반의 투자 인사이트를 로보어드바이저로부터 제공받을 수 있음으로써 로보 어드바이저에 대한 수요를 증가시키며 로보어드바이저의 시장 확장 및 성장 가능성을 확대시키고 있다.

현재 전 세계 로보어드바이저 시장 규모는 2026년까지 951억 2,000만 달러의 매출을 올릴 것으로 예상되며, 글로벌 리서치 기관 스태티스타(Statista)에 따르면 로보어드바이저 사용자 수는 2026년까지 약 5억 627만 명에 이를 것으로 예상된다.

미래 부의 지도

‖ 가장 오래된 로보어드바이저 플랫폼 ‖

다양한 로보어드바이저 중에서 미국에서 가장 오래된 로보어드바이저 플랫폼인 베터먼트를 살펴보며, 로보어드바이저의 미래에 대해 생각해보자.

2008년 설립된 베터먼트는 포브스 어드바이저(Forbes Advisor)가 선정한 2023년 최고의 로보어드바이저로 선정되었다.

이 회사 서비스의 강점들을 살펴보자. 일단 시작할 때 계정에 대한 최소 요구사항이 없다. 즉 계정에 돈이 하나도 없어도 시작이 가능하며, 투자를 위한 최소 입금액은 겨우 10달러이다. 가입 또한 온라인으로 매우 간단하게 할 수 있으며, 앱 화면 설계 역시 단순성과 사용 편의성에 중점을 두고 사용자 친화적인 프로세스를 제공해 투자자, 특히 금융을 처음 접하는 금융 초보자들이 쉽게 접근하고 편리하게 사용할 수 있도록 했다.

‖ 베터먼트 사례로 본 투자에 대한 8가지 전략 ‖

투자는 8가지 다른 전략의 조합을 통해서 구성하는데, 일단 그 8가지 전략을 간략히 정리하면 다음과 같다.

- 전 세계 주식 및 채권 투자를 활용한 장기투자나 저비용으로 구성된 코어(Core)
- 청정에너지, 반도체, 로봇 등 고성장 기술기업 중심의 혁신기술(Innovative Technology)
- 장기적으로 괜찮은 수익을 제공하면서도 탄소배출량이 적은 기업에 투자하는 기후 임팩트(Climate Impact)
- 디파이(Decentralized Finances: 블록체인 기술을 바탕으로 한 탈중앙화 금융을 의미하며, 금융회사를 끼지 않고 결제, 송금, 예금, 대출, 투자 등 모든 금융 서비스를 하는 것)나 메타버스를 포함한 암호화폐 연관 투자를 하는 유니버스(Universe)
- 소수자 권한 부여 및 성별 다양성을 위해 노력하는 기업에 더 포커스를 두는 소셜 임팩트(Social Impact)
- 트렌젝션 거래를 검증할 때 좀 더 적은 에너지를 사용하는 데 우선을 두는 암호화 자산을 찾는 지속가능성(Sustainabe)
- ESG 기준에서 높은 평가를 받으면서 장기적인 성과를 가지는 기업을 찾는 브로드 임팩트(Broad Impact)
- 리스크 레벨을 높임으로써 시장에서 우수한 성능을 낼 영역에 투자하는 골드만삭스 스마트 베타(Goldman Sachs Smart Beta)

이렇게 총 8가지의 다른 전략을 조합해 베터먼트는 다양한 목표를 위한 포트폴리오를 구성할 수 있다. 더불어 저비용·절세가 가능한 포트폴리오 및 재무 계획 및 조언을 제공해 사용자가 정보에 기초한 결정을 내릴 수 있도록 돕는다. 또한 사용자가 투자 개념을 이해하고 정보에 입각한 결정을 내릴 수 있도록 다양한 교육 리소스 역시 제공한다.

이렇게 전통적인 금융 자문가(휴먼 어드바이저)에 비해 저렴한 비용으로 24시간 이용 가능한 플랫폼을 제공하며, 투자 초보자라도 빠르게 투자를 시작할 수 있게 한다. 뿐만 아니라 투자 관리를 직접 신경 쓰지 않아도 되고, 재무 설계의 모든 범위를 커버하는 광범위한 서비스를 제공하는 등의 장점이 있다.

한때 로보어드바이저는 '투자의 미래'라고 불리기도 했다. 하지만 로보어드바이저를 투자의 미래라고 하기엔 고객의 요구와 기대를 만족시키지 못하는 몇 가지 제약 사항이 있다.

우선 로보어드바이저에게는 특정 투자에 대한 요청이 불가능하다. 좀 더 복잡한 재정적 요구 사항에 대해서는 로보어드바이저가 대응하기 어렵다. 즉 정해진 규칙에 따라 단순히 실행되며, 특정 투자를 추천하는 이유나 위험 관리 방법을 설명하지 못할 수 있다. 또한 로보어드바이저는 보유한 정보를 기반으로 추천하고 관리할 수는 있지만 고객의 다양한 자산과 투자 내역을 모두 파악하고 있지 않기 때문에 불완전한 견해를 가질 수 있으며, 공감 능력 부족 역시 치명적인 단점이다. 그래서 고객의 개인적인 감정이나 상황에 대한 이해가 필요한 은퇴 계획, 세금 최적화, 상속 문제 등과 같은 복잡한 시나리오에 대응하기가 힘들다. 시간이 흘러감에 따라 변화할 수 있는 재정적인 목표나 우선순위는 아직은 사람만이 종합적으로 판단하고 감지할 수 있기 때문이다.

그런데 이러한 제약 사항도 생각보다 빠르게 해결되고, 로보어드바이저는 다시금 투자의 미래로 불릴 수 있을 것 같다. 챗GPT와 같은 생성형 AI 기술을 활용하면 되기 때문이다. 로보어드바이저의 미래는 챗GPT와 같은 생성형 AI를 통해 실제 사람에게 맞춤형 초개인화 서비스를 받는 것 같은 느낌을 줄 수 있다.

이를 통해 변화하는 시장 상황과 고객 선호도에 맞춰 유연한 투자 전략을 수립할 수 있을 것이며, 투자 결정의 근거에 대한 설명을 해주고, 복잡한 재정 관련 질문에도 답변이 가능해질 것이다. 고객의 재무 상황과 목표의 다양한 측면에서 맞춤화된 개인화가 가능할 것이다.

끊임없이 진화하는 금융 AI에 대한 이해

AI는 금융업계 게임의 판도를 바꾸는 역할을 할 것이다.
생성형 AI의 발전과 AI기술의 고도화는
금융 산업을 지속적으로 변화시키고,
비효율적인 작업은 줄이고 효율성을 향상시키며,
새로운 비즈니스 방식을 가져올 것이다.

끊임없이 진화하는 금융 AI는 거래, 투자, 분석, 보고 등 금융업계에서 일어나는 모든 일상을 바꿀 것이다.

기존 정형 데이터뿐만 아니라 뉴스 기사, 소셜 미디어, 재무 보고서 등 금융산업에 축적된 다양한 비정형 데이터에서 실시간으로 데이터를 분석해 거래 및 투자 결정을 할 것이며, 데이터 중심의 의사결정이 가능해질 것이다. 또한 어려울 수도 있는 금융지식에 대한 고객들의 이해를 높이고, 서비스에 대한 접근성을 향상시켜 금융에서 소외된 고객이 없도록 할 것이며, 금융 현업의 운영 프로세스를 자동화하고 간소화시킬 것이다.

　이미 생성형 AI 기술이 활용되기 전부터 은행을 비롯한 금융 산업에서는 챗봇, 콜봇을 통한 고객 경험 향상 및 은행 내부의 RPA를 통한 업무 자동화를 비롯해 다양한 금융레포트에 대한 분석을 통한 인사이트를 얻어왔다. 이전부터 다양한 분야에 AI를 활용해왔으며, 이를 통해 업무생산성 향상 및 비용 절감의 효과를 거두었다.

‖ 금융 AI의 활용과 미래 ‖

　로보어드바이저는 AI를 통해 포트폴리오 관리 및 재정적인 조언을 제공한다. 휴먼 금융 자문가보다 훨씬 저렴한 비용으로 자산관리가 가능하며, 고객에게 적절한 투자를 찾아내고, 재무 목표에 따라 균형 잡힌 포트폴리오에 투자를 한다. 또한 알고리듬 트레이딩도 금융 분야에서 자동화된 트레이딩 기술과 기계학습을 활용한다. 더 나은 투자 평가를 위해서는 복잡한 계산이 많이 필요한데, 이때 기계학습은 여러 소스의 방대한 양의 데이터를 실시간으로 처리하고 투자 및 시간 범위, 위험 허용 범위 등을 학습해 투자 가치 평가에 AI를 활용한다.

　이상거래 감지에도 AI를 활용할 수 있다. 사실상 이상 현상은 일반적인 사고나 시스템 결함으로 발생할 수 있는데 이는 자금세탁,

계정 탈취, 사기 등과 같은 불법 활동과 연결될 수 있으며, 의도치 않은 결과를 초래할 수 있다. 이상징후 탐지는 기계학습을 통해 해결할 수 있으며, 이를 통해 사용자의 행동 패턴과의 상관관계를 찾아내서 사기 거래를 탐지할 수 있다.

사이버 보안과 자금세탁 문제도 AI 및 기계학습을 통해 개선할 수 있다. AI가 공격에 대한 과거 데이터를 분석하고, 데이터 징후 간의 상관관계를 파악함으로써 사이버 보안 시스템 역시 크게 향상될 수 있다. 이렇게 외부 위험을 줄이는 것뿐만 아니라 내부 위협이나 침해 데이터 도난이나 오용 역시 방지할 수 있다.

RPA(Robotic Process Automation: 로봇 프로세스 자동화)에도 역시 AI를 활용해 반복적인 작업 절차의 상당 부분을 자동화할 수 있다. 그래서 비효율적인 작업은 줄이고 업무생산성은 높이면서 좀 더 가치가 높은 업무에 직원들이 집중할 수 있는 시간을 확보할 수 있다.

신용평가의 경우에도 AI를 활용해 고객의 지불 능력과 부채 상환에 대한 의도를 판단할 수 있다. 수입, 거래 분석, 신용 이력 등의 재무적인 요소부터 비재무적인 요소까지 AI를 통해 신용 평가에 활용한다. 성별, 인종을 비롯한 의식적이든 무의식적이든 발생할 수 있는 편견을 차단해 공정한 평가를 통해 객관적으로 신용평가를 할 수 있다. 기업대출의 경우 ML 기반 언더라이팅을 통해 복잡한 프로세스를 단순화하고, 시장 패턴을 평가하고, 대출 위험, 향후 행동, 사기 가능성 등을 감지할 수 있다.

고객 접점에서의 AI 활용도 가능하다. AI 기반 챗봇과 콜봇, 가상 비서를 예로 들 수 있다. 이러한 도구들을 통해 고객은 은행 계좌 잔액을 비롯해 필요한 거래에 대해 24시간 서비스를 받을 수 있다. 개인화된 뱅킹서비스는 지출 패턴, 저축 및 투자 목표, 건강 보험 포트폴리오 및 기타 특성을 기반으로 개인의 재무 목표에 적합한 정보 및 인사이트를 제공해줄 수 있게 된다. 또한 은행에 있는 고객 데이터를 해석하고 새로운 통찰력을 얻을 수 있다. AI 시스템이 실시간으로 고객의 감정을 감지할 수 있으며, 은행이 직원의 문제 해결 능력을 평가하고 소비자가 만족하지 않을 경우 조치를 취하는 데 도움이 될 수 있다.

이렇듯 고객 맞춤형 답변, 보다 안전하고 책임감 있는 상품 및 서비스 제안 등 AI 기술이 고도화될수록 포트폴리오 관리, 신용 분석, 규제 준수와 같은 분야에서의 AI 활용 역시 좀 더 정교해질 것이다. 나아가 투자 관리, 대출 인수, 컴플라이언스(compliance: 준법 감시) 등도 더욱 고도화될 것이다.

미래 부의 지도

AI 시대, 나만의 성장 지도를
계속 업데이트하라

　요즘 시대는 과장을 조금 보태서 AI 기술이 경제 환경을 변화시키는 주체가 되고 있으며, 경제 패러다임의 변화는 다시금 기술 혁신을 만들어내는 시대를 살고 있다. 이러한 사이클 속에서 우리는 무엇을 해야 할까? 숨 가쁘게 변화하는 AI 시대에서 나만의 성장 지도를 어떻게 하면 그릴 수 있을까?

　우리는 매 순간 빠르게 스스로 판단하고 결정할 수 있는 사고의 힘이 절실하게 필요한 시대를 살고 있다. 또한 개인의 개성과 취향이 존중받음과 동시에 다양성을 추구하며, 나를 적극적으로 표현할 수 있는 1인 미디어 시대가 펼쳐졌다. 성공과 성장에 대한 정의도 이제는 좋은 대학, 좋은 직장 등으로 국한될 수 없다. 즉 과거에 성공한 인생이라며 우리가 참고했던 소위 성공한 분들의 조언이 이제는 더 이상 통하지 않을 수 있으며, 그분들의 성공방정식이 더 이상 대입되지 않는 시대를 살고 있는 것이다.

‖ 지수함수적 증가와 규모의 법칙으로 보는 현 시대의 특징 ‖

당장 기술 혁신과 사회 변화의 속도만 봐도 과거에는 안정적인 선형함수 같은 형태로 비교적 예측이 가능한 완만한 곡선이었으며, 나름 부지런하게 좇아가면 따라갈 수 있었다. 하지만 지금 이 시대는 지수함수와 같은 가파른 곡선으로 일 년 동안 일어날 법한 변화가 단 한 달 만에 일어나기도 하며, 부지런하게 쫓아간다는 느낌보다는 스스로 갈 길을 먼저 새롭게 개척한다는 생각으로 행동하지 않으면 목표에 다다를 수 없을 것 같은 세상을 우리는 살고 있다.

남들보다 조금 더 열심히 움직이는 것만으로는 경쟁력이 없다. 나만의 관점과 노하우로 남들과는 차별화된 악센트를 가져야 하는 시대이다.

지수함수와 같은 가파른 변화가 현 시대의 특징이라고 했지만, 과거에도 지수함수적 증가의 법칙을 가진 대표 사례가 IT 기술 분야에 있었다. 바로 반도체 회사인 인텔(Intel)의 공동창업자였던 고든 무어(Gordon Moore)가 주장한 '무어의 법칙(Moore's Law)'이다. 이 법칙은 컴퓨터 성능이 지수함수적으로 향상된다는 것으로, 내용인즉 반도체에 집적하는 트랜지스터 수는 18개월마다 2배씩 증가하는 반면에 가격은 반으로 떨어진다는 것이다. 하지만 2022년에 와서는 엔비디아의 CEO 젠슨 황이 자사의 제품 값을 큰 폭으로 인상하면서 더 이상 무어의 법칙이 반도체에서 통용되지 않는 시대임을 선언하기도 했다.

그리고 비교적 요근래 AI에서 언급하고 있는 '규모의 법칙(Scaling Laws)'도 지금 시대의 특징을 지수함수적으로 설명할 수 있다. 이러한 규모의 법칙은 2020년 오픈AI, 그리고 지금은 앤스로픽(Anthropic)의 CSO로 있는 자레드 캐플란(Jared Kaplan)이 제1저자로 쓴 논문(「Scaling Laws for Neural Language Models(신경 언어 모델의 스케일링 법칙)」)에서 처음 실험적으로 증명되기도 했는데, AI 학습 연산량이 지수적으로 증가하며 그에 따라 AI 혁신 속도 역시 지수적 증가를 한다는 것이다.

이러한 논문의 내용은 점점 더 큰 AI 모델을 연구하는 이유가 되었다. LLM의 크기가 점점 커질수록 더욱 인간에 가까운 새로운 능력들이 확인되고, 지수함수와 같은 가파른 AI 혁신을 통해 그 활용 범위도 특정 산업군을 넘어 우리 일상 전반에 영향을 미치게 되었다. 이는 AI 기술이 전 산업 분야에서 산업 근간이 되는 인프라와 같은 역할을 하고, 더 나아가 국가경쟁력에도 영향을 주는 중요한 어젠다가 되는 AI 시대를 살고 있다는 의미이다.

이렇듯 AI 시대의 기술 혁신의 속도와 사회 변화의 속도는 갈수록 가파르게 올라가는 지수함수와 같으며, 이러한 속도감은 우리 일상에서도 피부로 느낄 수 있을 정도로 다가오고 있다. 디지털 기술들은 서로 결합되고 연결되면서 생각지 못한 새로운 기술 혁신들을 만들어낸다. 그로 인한 변화의 영향 범위 역시 이젠 대한민국을 넘어 전 세계에 걸쳐 있으며, 산업 간의 경계 역시 무너지고 있다.

따라서 변화에 대한 예측 불가능성이 이제는 늘 존재할 수밖에 없으며, 우리의 준비 상황에 따라 이는 큰 혼란을 줄 수도 있지만 반대로 기회가 될 수도 있다. 그리고 속도가 중요해진 세상에서 우리는 빠르게 결정하고 민첩하게 움직여야 한다. 또한 새로운 상황에 적응할 수 있는 능력을 키워야 한다. 변화하는 기술 및 산업에서의 핵심 키워드들을 이해하고, 이러한 기술 혁신들이 산업들을 어떤 방향으로 이끌고, 우리 일상은 어떻게 변화할지 통찰하는 힘을 길러야 한다.

‖ 계몽주의 이후 가장 큰 지적 혁명을 가져온 생성형 AI ‖

챗GPT라는 생성형 AI의 등장은 아이폰 이상의 혁명을 가져올 것이라고 많은 전문가들이 말한다. 또한 헨리 키신저(Henry Kissinger) 전 미국 국무장관, 에릭 슈미트(Eric Schmidt) 전 구글 최고경영자(CEO),

대니얼 허튼로커(Daniel Huttenlocher) 미 매사추세츠공대(MIT) 교수 등 세 사람은 '인쇄술 발명 후 정보의 확산으로 중세가 저물고 계몽주의 시대가 도래했듯 생성형 AI의 등장은 계몽주의 이후 인간의 가장 큰 지적 혁명을 가져올 것'이라고 미《월스트리트저널(WSJ)》을 통해 언급하기도 했다.

여기서 혁명적 변화가 일어난다는 것은 이를 통해 새로운 세상으로 전환하는 변곡점이 생기며, 이 변곡점을 지나면서 이 세상은 기존에 상상하지 못했던 새로운 세상으로 완전히 바뀐다는 것을 의미한다. 그렇기 때문에 AI 어젠다를 국가경쟁력과 함께 언급할 수밖에 없으며, 이러한 대변혁의 문 앞에서 시대의 흐름을 읽고 변화를 주도한 국가만이 세계 질서를 주도할 수 있다. 제1차 산업혁명의 영국이 그러했으며, 제2차 산업혁명에서 미국이 그러했던 것처럼 말이다.

결국은 기술의 이해에서 시작해서 전체 산업의 흐름을 이해하는 것으로 나아갈 수 있어야 한다. 이러한 전체적인 방향성을 이해함으로써 AI 시대에 자신만의 성장 지도를 그리고, 또 계속 업데이트 할 수 있기를 바란다. 그래서 이 AI 시대에 각자 지혜롭고 성공적으로 목표에 무사히 도착할 수 있는 자신만의 지도를 갖게 되길 바란다. 물론 목표점까지 가는 길에 숨겨져 있는 보물의 위치까지 표시된 지도를 갖게 된다면 더욱 기쁜 일이다.

‖ AI 시대에 나만의 성장 지도가 필요한 이유 ‖

여러분의 첫 번째 성장 지도를 어디서 어떻게 시작해야 할지 고민된다면, 우선은 나의 북극성에 근접한 방향을 가진 다른 전문가들이 그려놓은 지도를 가지고 먼저 시작해보자. 물론 당장은 내 상황에는 만족스럽지 않은 지도이겠지만, 아무래도 빈 도화지에 처음부터 나만의 성장 지도를 그린다는 것은 생각보다 많은 시간과 노력이 필요할 테고, 그리는 과정상에서도 시행착오가 많을 수밖에 없기 때문에 전문가의 성장 지도에서 시작하기를 추천한다.

10년이면 강산이 변하고, 울창한 나무 숲 사이에도 도로가 생기고 마을들이 생겨나듯, 성장 지도 역시 계속적인 외부 및 내부 환경 변화로 지도의 지형이 변화한다. 아쉽게도 이 나만의 성장 지도는 한 번 그려낸 것으로 영구히 쓸 수 없다.

2024년 2월 챗 GPT 개발사 오픈AI가 텍스트를 동영상으로 만들어 주는 AI인 소라(Sora)를 공개했다. 이제 영상 제작 전문가가 아니더라도 텍스트 입력만 할 수 있으면 누구나 최대 1분 분량의 동영상을 쉽게 만들 수 있게 되었다. 당연히 또 한 번 전 세계가 충격을 받았으며, 소라의 등장으로 AGI도 1~2년이 또 앞당겨질 것이라는 예측도 나왔다.

이렇듯 기술 혁신이 부의 흐름, 부의 지도를 계속 바꾸고 있다. 또한 이 시대의 기술 혁신의 중심에는 빠르게 변화하는 AI 기술이 함

오픈AI가 2024년 2월 텍스트를 동영상으로 만들어주는 AI 모델인 소라(Sora)를 공개했다. 이 이미지는 간단한 프롬프트 텍스트 입력으로 1분 이내의 동영상을 바로 만드는 것을 보여준 Sora 웹사이트 내 영상 이미지이다.

출처: https://openai.com/sora#capabilities

Prompt: A stylish woman walks down a Tokyo street filled with warm glowing neon and animated city signage. She wears a black leather jacket, a long red dress, and black boots, and carries a black purse. She wears sunglasses and red lipstick. She walks confidently and casually. The street is damp and reflective, creating a mirror effect of the colorful lights. Many pedestrians walk about.

프롬프트: 한 멋진 여성이 따스하게 빛나는 네온과 애니메이션으로 만들어진 도시 간판으로 가득 찬 도쿄의 거리를 걸어간다. 그녀는 검은 가죽 재킷, 긴 빨간 드레스를 입고 검은 부츠를 신고 검정 지갑을 가지고 있으며, 선글라스와 빨간 립스틱을 발랐다. 그녀는 자신감 넘치고 캐주얼하게 걷고 있으며, 거리는 젖어 있고 반사되어 다채로운 빛의 거울 효과를 만들어낸다. 많은 행인들이 걸어다닌다.

께 있다는 것을 인지해야 한다. 그리고 나만의 성장 지도는 계속해서 그 변화와 인사이트를 반영해야 한다.

변화를 읽을 때는 외부 전문가의 손가락 끝만 바라봐서는 안 된다. 그들이 가리키는 방향으로 무턱대고 따라가면 큰일 난다. 겉으로 보여지는 것의 이면을 꿰뚫는 통찰이 필요하다. 우리에게 필요한 것은 AI 기술 자체를 익히기에 앞서 질문의 수준을 높이고 스스로 생각하고 판단할 수 있는 능력을 키우는 것이다.

외부에 무수하게 넘쳐나는 정보들을 곧이곧대로 믿지 말고 자신만의 성장 지도 위에 다양한 경로로 습득한 경험과 지식들을 계속 업데이트하면서 판단력을 키워야 한다. 내가 설정한 북극성에 따라 개인으로서, 또는 어느 그룹의 구성원으로서 지금 중요하게 생각하고 있는 방향으로 각자 자신의 상황에 맞춰서 성장 지도를 그려내길 바란다. 그리고 그 지도를 그려 나감에 있어서 혼자가 아닌 최대한 많은 사람들과 함께 그 정보와 인사이트를 교류하길 바란다.

거스를 수 없는 주식투자의 빅트렌드, 로봇

최고의 성장주 로봇 산업에 투자하라   양승윤 지음 | 값 18,000원

로봇 산업이 현대사회의 핵심 산업으로 떠올랐다. 인공지능과 로봇공학의 발전 으로 이 산업은 전례 없는 성장세를 보이며 새로운 혁신을 이끌어내고 있는 만큼 향후 수년간 투자 여건이 형성될 것으로 보인다. 이 책은 로봇산업이 지니는 본질을 설명하면서, 관련 산업 전반에 대한 흐름을 짚어준다. 로봇 산업의 태동과 성장으로 투자 기회는 보이지만, 아직은 이 분야가 생소한 이들이라면 이 책을 통해 로봇 산업 전반에 대한 큰 그림을 그릴 수 있을 것이다.

인플레이션 시대를 이겨내는 스마트한 투자법

AI도 모르는 부의 비밀   손병택(블랙) 지음 | 값 18,000원

돈 버는 투자에 힘을 실어주는 책이다. 수익을 극대화할 수 있는 투자하기 편한 환경은 거시경제로 알 수 있다. 거시경제의 흐름에 기반해 투자 전략을 제시한 유튜브 '블랙, 쉽게 배우는 재테크'의 운영자 손병택(블랙)이 인플레이션 시대의 투자에 대해 말한다. 이 책은 위기와 기회가 모두 공존해 있는 이 상황에서 현재와 미래의 투자에 고민 중인 사람들에게 성공적인 투자를 위한 투자전략을 제시한다.

AI로 그리는 부의 미래

AI에게 AI의 미래를 묻다   인공 지음 | 값 18,800원

챗GPT와의 생생한 대화를 통해 인공지능이 어떻게 작동하고, 우리 삶에 얼마나 침투했으며, 어떤 영향을 미치는지 탐구함으로써 인공지능을 긍정적으로 활용할 수 있는 통찰을 주는 책이다. 챗GPT뿐만 아니라, 구글 '바드'와의 대화를 통해 챗GPT와는 다른 장점과 특성을 탐구하며 그 성능과 함께 새로운 시장을 개척할 길도 살펴본다. 이 책을 통해 인공지능 시대를 막연한 두려움보다는 좀 더 친근하게 맞이할 수 있을 것이다.

챗GPT 초보자가 가장 궁금해하는 것들

세상에서 가장 쉬운 챗GPT   김유성 지음 | 값 18,900원

빠르게 발전하는 인공지능 세계에서 최근 챗GPT가 이슈다. 이 책은 인공지능이 어렵게 느껴지는 일반인들이 챗GPT를 쉽게 이해할 수 있도록 챗봇의 기초지식에서부터 역사, 활용법까지 그리고 챗GPT가 우리 사회의 산업 구조, 일자리 시장을 어떻게 변화시킬 것인가에 대해서도 상세히 다루는, 챗GPT를 이해하고 활용할 수 있도록 돕는 완벽한 입문서다. 이 책을 통해 챗GPT가 단순히 호기심과 신기함의 대상을 넘어 어떻게 인간 삶의 조력자가 되는지를 알아보자.

메타버스와 NFT 세상에서 일하고 돈 벌기

메타버스 초보자가 가장 알고 싶은 최다질문 TOP 45

이승환 지음 | 값 19,000원

새로운 투자 기회로 가득한 세상, '메타버스 혁명'은 이미 시작되었다. 최고의 메타버스 전문가인 저자 이승환 박사는 혼란스러운 개념들을 대중의 언어로 쉽게 설명하고, 개인과 기업의 활용 사례를 보여주며 이해를 돕는다. 실질적인 질문들에 대한 저자의 친절하고 명쾌한 답변을 따라가다 보면 새로운 세상을 이해하는 것은 물론, 사업 아이디어와 투자 포트폴리오까지 든든히 채울 수 있을 것이다.

한 권으로 끝내는 빅테크 수업

빅테크가 바꿀 부의 지도

김국현 지음 | 값 18,000원

변화무쌍한 IT 전성시대에 걸맞게 혁신을 가져다줄 미래기술에 대한 이해를 돕는 IT 사용설명서다. 저자는 한국의 대표적인 IT 평론가로서 인공지능, 메타버스, 블록체인, 클라우드, IoT, 빅데이터 등 이제는 꽤 익숙해졌지만 여전히 어려운 개념들을 그림과 함께 쉽고 명쾌하게 설명한다. 이 책을 통해 '빅테크'라 불리는 디지털 선구자들의 파급력을 이해하고, 나아가 기술에 능동적으로 적응함으로써 미래 부를 움켜쥐는 데 한 발짝 더 다가갈 수 있을 것이다.

빅데이터가 이렇게 쉬운 거였나

빅데이터 사용설명서

김진호 지음 | 값 18,000원

이 책은 제4차 산업혁명 시대를 살아가는 사람들이 빅데이터의 핵심을 이해하고, 나아가 어떻게 하면 자신만의 차별적인 경쟁력을 키울 수 있는지를 알 수 있도록 빅데이터의 모든 것을 담은 입문서이다. 빅데이터가 무엇이고 왜 중요한지, 어떤 흐름으로 시대적 변화가 이어지고 있는지를 설명하는 이 책을 통해 분석 경영의 시대에 알맞은 분석적 역량을 갖춘다면 AI 빅데이터 시대의 주역으로 발돋움할 수 있을 것이다.

기술이 경제를 이끄는 시대의 투자법

테크노믹스 시대의 부의 지도

박상현·고태봉 지음 | 값 17,000원

테크노믹스란 기술이 경제를 이끄는 새로운 경제적 패러다임이다. 이 책은 사람들의 일상과 경제의 흐름을 완전히 바꿔놓은 코로나 팬데믹 현상을 계기로, 테크노믹스 시대를 전망하고 이를 투자적 관점으로 바라보는 내용을 담고 있다. 현 시대의 흐름을 하나의 경제적 변곡점으로 바라보며 최종적으로 미래의 부가 움직일 길목에 대해 진지하게 고민한 흔적이 담긴 이 책을 통해 투자에 대한 통찰력을 얻을 수 있을 것이다.

■ 독자 여러분의 소중한 원고를 기다립니다

메이트북스는 독자 여러분의 소중한 원고를 기다리고 있습니다. 집필을 끝냈거나 집필중인 원고가 있으신 분은 khg0109@hanmail.net으로 원고의 간단한 기획의도와 개요, 연락처 등과 함께 보내주시면 최대한 빨리 검토한 후에 연락드리겠습니다. 머뭇거리지 마시고 언제라도 메이트북스의 문을 두드리시면 반갑게 맞이하겠습니다.

■ 메이트북스 SNS는 보물창고입니다

메이트북스 홈페이지 www.matebooks.co.kr

책에 대한 칼럼 및 신간정보, 베스트셀러 및 스테디셀러 정보뿐만 아니라 저자의 인터뷰 및 책 소개 동영상을 보실 수 있습니다.

메이트북스 유튜브 bit.ly/2qXrcUb

활발하게 업로드되는 저자의 인터뷰, 책 소개 동영상을 통해 책에서는 접할 수 없었던 입체적인 정보들을 경험하실 수 있습니다.

메이트북스 블로그 blog.naver.com/1n1media

1분 전문가 칼럼, 화제의 책, 화제의 동영상 등 독자 여러분을 위해 다양한 콘텐츠를 매일 올리고 있습니다.

메이트북스 네이버 포스트 post.naver.com/1n1media

도서 내용을 재구성해 만든 블로그형, 카드뉴스형 포스트를 통해 유익하고 통찰력 있는 정보들을 경험하실 수 있습니다.

STEP 1. 네이버 검색창 옆의 카메라 모양 아이콘을 누르세요. STEP 2. 스마트렌즈를 통해 각 QR코드를 스캔하시면 됩니다.
STEP 3. 팝업창을 누르시면 메이트북스의 SNS가 나옵니다.